AI와 개발자

JN435513

AI문고

인공지능 시대입니다. 기계가 인간의 인지를 대신하고, 사물이 인간을 통하지 않고 다른 사물과 직접 커뮤니케이션합니다. 이에 따른 인간 삶과 문명 변화를 정확히 이해·예측·대응하는 것은 이 시대 우리 모두의 과제입니다. AI문고는 인공지능 기술과 환경의 여러 주제를 10가지 키워드로 정리합니다. 관련 개념과 이론, 학계와 산업계의 쟁점, 우리 일상의 변화를 다룹니다. 인간과 기술의 현재, 미래를 세심히 분석합니다.

일러두기

- 인명, 작품명, 저서명, 개념어 등은 한글과 함께 괄호 안에 해당 국가의 원어를 병기했습니다.
- 외래어 표기는 현행 어문규정의 외래어표기법을 따랐습니다. 다만 '딥러닝', '딥마인드', '딥페이크' 등은 관행을 따랐습니다.

처음이세요?

전문가세요?

지금, 큐알 찍으면

- AI 입문서 바로 선물
- 당신만의 필독서 추천
- 500권 요약본 공짜
- 오디오북 무료 사용

AI와 개발자

조정호

대한민국, 서울, 커뮤니케이션북스, 2024

AI와 개발자

지은이 조정호
펴낸이 박영률

초판 1쇄 펴낸날 2024년 10월 31일

커뮤니케이션북스(주)
출판 등록 2007년 8월 17일 제313-2007-000166호
02880 서울시 성북구 성북로 5-11
전화(02) 7474 001, 팩스(02) 736 5047
commbooks@commbooks.com
www.commbooks.com

이 책은 커뮤니케이션북스(주)가 저작권자와 계약해 발행했습니다.
본사의 서면 허락 없이는 어떠한 형태나 수단으로도
이 책의 내용을 이용할 수 없음을 알려드립니다.

© 조정호, 2024

ISBN 979-11-7307-191-1 03500

책값은 뒤표지에 표시되어 있습니다.

차례

AI가 가져온 개발 혁신

어느덧 인공지능이 우리의 삶에 자연스럽게 스며들어 영향을 미치고 있다. 대부분의 휴대전화에는 인공지능 비서가 탑재되어 우리의 삶에 도움을 주고 있고, 다양한 동영상 플랫폼에서는 인공지능이 탑재된 알고리즘을 통해 우리가 흥미 있어 할 만한 동영상들을 추천해 준다. 그뿐만 아니라, 로봇 청소기와 같은 가전, 자율 주행 기능이 탑재된 자동차 등 인공지능이 탑재된 다양한 제품들이 줄을 이어 출시되고 있다. 지난 3년간 생성형 인공지능이 급속도로 발전하면서, 인공지능이 우리의 삶에 미치는 영향 또한 급속도로 늘어나고 있다.

2023년, 나우앤서베이에서 전국의 직장인 800명을 대상으로 설문 조사한 결과, 응답자의 약 73.9%가 생성형 인공지능 사용 경험이 있다고 답했다. 또한 동일한 설문 조사에서 오픈에이아이(OpenAI)사의 챗지피티 서비스의 경우, 약 54.2%의 응답자가 해당 서비스를 만족하며 활용하고 있는 것으로 나타났다. 오픈에이아이사 외에도, 구글(Google), 미스트랄에이아이(MistralAI), 알리

바바(Alibaba) 등 다양한 기업들에서 생성형 인공지능 서비스들을 연구 · 개발하고 있고, 학술적으로도 다양한 연구들이 쏟아지고 있는 바, 인공지능이 우리의 삶에 미치는 영향은 더욱 커질 것으로 생각된다.

이러한 동향은 개발 분야에서도 동일하게 나타나고 있다. 매킨지앤드컴퍼니(McKinsey&Company)에서 발표한 『2024년 초 AI 현황(The state of AI in early 2024)』 보고서의 설문 조사 결과에 따르면, 약 72%의 기업에서 적어도 하나의 기능에 인공지능을 활용하고 있는 것으로 나타났으며, 그중에서 소프트웨어 공학(Software engineering) 기능은 인공지능을 6번째로 많이 쓰는 것으로 손꼽혔다. 이는 생성형 인공지능이 시스템 설계, 코드 초안 작성, 코드 수정 및 리팩터링(refactoring) – 가독성 향상 등을 목적으로 코드의 수행 결과의 변경 없이 코드의 구조를 재조정하는 작업 –, 디버깅(debugging) – 시스템의 논리적인 오류나 비정상적인 연산 등을 찾아내고 수정하는 작업 – 및 원인 분석 등 다양한 분야에서 활약하며, 일종의 '코딩 도우미' 역할을 수행하며, 개발자들의 생산성 향상에 큰 도움을 줄 수 있기 때문으로 보인다. 동일한 보고서에 따르면 약 42%의 응답자가 소프트웨어 공학 기능에서 생성형 인공지능의 도입을 통해 비용을 감소시켰다고 응답하였으며, 약 46%의 응답자가 소프트웨어 공학 기능에서 생성형 인공지능의 도입을 통해 매출을 증진했다고 응답하였다. 생성형 인공지능이 개발 분야에서 이미 유의미한 영향을 미치고 있으며, 이러한 영향이 결과로 입증된 것이다.

개발에 인공지능을 활용하는 방법과 빈도는 지속적으로 증가할 것이다. 지난 몇 년간 개발에 인공지능을 사용하는 활용 사례들이 지속적으로 소개되고, 관련 서비스들 또한 출시되면서, 더 많은 사람들이 인공지능을 개발에 활용하고 있다. 인공지능의 개발 능력이 꾸준히 향상되면서, 심지어는 자신들이 인공지능으로 완전히 대체되지 않을지 두려워하는 개발자들 또한 더러 보인다. 개발자들은 자신의 생산성을 향상하기 위해, 그리고 인공지능에 대체되지 않기 위해 인공지능을 잘 활용해야 할 것이다.

미래의 개발자

개발자 커뮤니티 등에서 꾸준히 유행하고 있는 밈(meme)이 있다. 개발자가 어떻게 일하는지를 한 장의 사진으로 요약한 것인데, 주니어 개발자인지 시니어 개발자인지에 국한되지 않고, 결국 개발자는 인터넷상의 코드를 복사하여 본인의 코드에 붙여 넣기 하는 식으로 일한다는 내용이다. 해당 사진을 보고 크게 웃으며 공감했던 기억이 있다. 물론 모든 개발자가 그렇게 일하는 것도 아니고, 그 이외의 다양한 코딩 작업 또한 당연하게 수행될 것이다. 하지만 한편으로는 많은 사람들이 웃고 공감하는 것을 보며 어쩌면 개발자들이 개발하고 있는 다양한 기능들이 대부분 비슷하거나 누군가 이전에 개발한 적 있는 코드가 아닐지 하는 생각을 하게 한다. 생성형 인공지능 기반의 다양한 코딩 보조 프로그램들을 많은 사람들이 만족하며 사용할 수 있는 것은 어쩌면 그 생각이 사실이기 때문일지도 모른다.

생성형 인공지능 서비스들이 크게 주목받고, 그들의 코드 생성 능력이 다양한 방면으로 입증받으며, 생성형 인공지능을 활용한 코딩 보조 서비스들 또한 지속적으로 출시되고 있다. 혹시 해당 서비스들에서 제공하는 자동 완성 기능을 아직 써 보지 않은 개발자라면, 한번 사용해 보기를 크게 권장한다. 저자는 코딩 보조 서비스를 처음 사용하고, 그들의 능력에서 느낀 놀람과 충격을 아직도 잊을 수 없다. 예를 들어 함수를 작성하려고 하는 상황에서, 간단한 함수의 경우 이름만 적어도 거의 정확한 함수를 자동으로 완성해 주기도 하며, 복잡한 함수의 경우에는 이름과 독스트링(Docstring)-소스 코드에서 특정한 부분[함수(function), 클래스(class) 등]에 대한 문서화를 위해 주석과 같이 활용되는 문자열-만 적어 주어도 함수가 완성되는 것을 볼 수 있다. 정확한 동작을 위해서는 추가적인 검수 또는 후보정이 필요하기도 하지만, 코드의 많은 부분을 알아서 작성해 주는 것은 효율성 측면에서 개발자들에게 큰 도움이 된다.

생성형 인공지능의 놀라운 코딩 능력이 효율성 측면에서 많은 도움을 주는 것은 사실이나, 한편으로는 개발자로서의 자리를 위협받는 느낌도 받는다. 물론 아직은 개발 지식을 활용한 검수와 추가 작업을 통해 생성형 인공지능의 코드를 완성하는 식으로 업무를 진행하고 있다. 하지만 생성형 인공지능이 지금과 같은 추세로 계속해서 발전한다면, 추가 작업이 필요 없는 완벽한 코드를 생성하게 될지도 모를 일이다. 한 번에 완벽한 코드를 생성하는 것은 아니더라도, 큰 개발 지식 없이 생성형 인공지능과 대화하는 것만으로 코드를 생성하는 것은 그리 머지않은 미래처럼 보인다. 이러한 미래에서 개발자들은 어떻게 살아남아야 할지, 개발자들의 역할은 무엇일지 고민이 필요하다.

개발에서 AI의 역할

폴 루오 리(Paul Luo Li)는 그의 논문 "무엇이 훌륭한 소프트웨어 공학자를 만드는가?(What makes a great software engineer?)"(2015)에서 훌륭한 소프트웨어 공학자의 특징 54가지를 꼽았는데, 그중 하나가 '도구와 구성 요소에 대해 잘 알고 있음'이다. 즉, 훌륭한 소프트웨어 엔지니어는 그들이 소프트웨어를 개발할 때 활용하는 도구나 기술, 그리고 그들의 소프트웨어에 포함되는 구성 요소들에 대해서 명확히 알고 있으며, 그 강점과 약점을 정확히 파악하고 있다는 것이다. 동일한 관점에서 훌륭한 소프트웨어 공학자로의 특장점을 갖추기 위해, 도구로 혹은 소프트웨어의 구성 요소로 활용되는 인공지능을 명확하게 파악할 필요가 있다.

인공지능을 파악하는 것은 미래의 개발자 역할을 고민하기 위한 밑바탕이 되어 줄 것이다. 급변하는 세상 속에서 어떤 미래가 다가올지를 막연히 상상하는 것은 쉬운 일이 아니다. 단적인 예로, 5년 전까지만 해도 생성형 인공지능이 이렇게 큰 변화를 불러올 것을 예상한 사람은 극히 일부에 불과하다. 하지만 그 변화를 상상한 일부 사람들이 있었고, 그들이 미래에 대비한 덕분에, 챗지피티와 같은 서비스를 개발할 수 있었고, 인공지능의 세상이

도래하게 되었다. 그들은 어떻게 이렇게 큰 변화를 상상할 수 있었을까? 저자는 그들이 현재에 대해 명확히 파악하고 있었기 때문이라고 생각한다. 실제 오픈에이아이사의 챗지피티 서비스의 근간이 되는 지피티(GPT) 모델의 경우 2018년도에 공개된 논문 "생성형 사전 학습을 통한 언어 이해 개선(Improving Language Understanding by Generative Pre-Training)"(2018)에서부터 시작된 것이다. 오픈에이아이사에서 다양한 연구와 실험을 통해 당시의 생성형 인공지능 기술에서 가능성을 보았고, 그 능력과 한계를 명확히 파악하여 다방면의 투자를 하였기 때문에 현재의 챗지피티 서비스가 있을 수 있게 되었다. 같은 이유로 개발에서 현재 인공지능의 기술과 역량, 강점과 약점을 명확히 파악하는 것으로, 미래의 개발자 역할을 상상하고 대비할 수 있을 것이다.

AI와 함께하는 미래

인공지능 분야는 여러 차례 전성기와 빙하기를 겪어 왔다. 처음 인공지능이 소개된 1956년부터 빅데이터의 등장, 신경망 네트워크(neural network)와 딥러닝(deep learning)의 발전, 그래픽처리장치(GPU)의 활용 등 다양한 이유로 전성기들을 누려 왔고, 거듭되는 단점과 한계의 발견으로 빙하기를 겪기도 했다. 그러다 2016년 알파고(AlphaGo)의 등장과 함께 폭발적으로 성장하기 시작했고, 지금 2024년에 들어서는 인공지능은 어디서나 찾아볼 수 있게 되었다.

인공지능이 연구되고 성장하면서 다양한 분야에서 인공지능이 좋은 성과들을 보이고 있다. 2009년 발표된 이미지 인식 경진 대회 이미지넷(ImageNet)에서 초기 인공지능은 80%의 정확도도 달성하기 힘들었으나, 이제는 거의 100%에 달하는 정확도를 보이며 사람보다 이미지 분류를 더 잘하는 인공지능이 개발되었다. 바둑에서는 사람을 이긴 것을 넘어서, 이제는 인공지능이 실시간으로 각 기사의 승률도 예측한다. 자연어 처리 분야의 벤치마크 중 하나인 글루(GLUE, General Language Understanding Evaluation) 벤치마크에서도 인공지능이 사람을 초과하는 성능들을 보이고 있으며, 〈도타 2(Dota 2)〉, 〈스타크래프트 2(Starcraft 2)〉와 같은 게임에서도 인공지능이 사람을 이긴 전적이 있다.

인공지능 연구는 지속적으로 이루어지고 있고, 그에 따라 인공지능의 성능도 계속해서 고도화되고 있다. 특정한 분야에서는 인공지능이 사람보다 더 좋은 성능과 성과를 보여 주고 있으며, 이에 따라 자연스럽게 인공지능을 활용한 제품들이 개발되고 출시되고 있다. 그뿐만 아니라 인공지능에서 사업성을 본 다양한 투자사 및 투자자들이 인공지능에 투자를 늘리고 있으며, 이에 따라 인공지능 회사들도 우후죽순 생겨나고 있다. 온 세상이 인공지능이다.

큰 이변이 없는 한, 우리의 미래에도 인공지능이 여기저기에 도사리고 있을 것이 분명해 보인다. 이미 많은 사람들이 인공지능에 큰 도움을 받고 있고, 그 효용성을 체감하고 있기 때문이다. 이러한 세상에 적응하고, 더 나아가서 세상을 이끌어 가기 위해서는 인공지능을 잘 이해하고, 사용하는 것이 중요할 것이다. 이는 개발 분야라고 특별히 다르지 않다. 개발자로서 미래에 살아남기 위해, 혹은 미래에 개발자로 데뷔하기 위해, 더 나아가서는 개발 커뮤니티를 선도할 수 있는 역량을 갖추기 위해서 개발 분야에서 인공지능을 잘 이해하고, 활용해야 한다.

AI, 생성형 AI, 대형 언어 모델

이 책에서는 인공지능을 통칭하거나 특정 기술을 지칭하기 위해 여러 용어를 사용한다. 구체적으로 인공지능, 생성형 인공지능, 대형 언어 모델(Large Language Model)

이 있다. 본격적으로 개발과 인공지능에 관한 이야기를 풀어 나가기 전에, 세 가지 용어부터 정리하고 넘어가고자 한다.

인공지능은 '컴퓨터로 구현한 지능 또는 이와 관련한 전산학의 연구 분야'를 말한다(정보통신용어사전). 이 책에서도 유사하게 인공지능이라는 용어를 넓은 의미로 사용하고자 한다. 이는 인공 신경망이나 딥러닝을 활용하는 인공지능을 넘어, 의사 결정 나무(decision tree)나 심지어는 단순한 규칙 기반의 알고리즘까지도 포함한다는 의미다. 따라서 인공지능이라는 용어에서는 넓은 의미의 그리고 다양한 종류의 인공지능을 상상하면 좋다.

생성형 인공지능은 '텍스트, 오디오, 이미지 등의 기존 콘텐츠를 활용하여 유사한 콘텐츠를 새로 만들어 내는 인공지능 기술'이다(정보통신용어사전). 이는 적대적 생성 신경망(GAN, Generative Adversarial Network), 스테이블 디퓨전(Stable Diffusion) 등을 활용한 이미지 생성 기술과 챗지피티나 제미나이(Gemini)에서 사용되는 텍스트 생성 기술 등을 모두 포함한다. 즉, 생성형 인공지능이라는 단어에서는 이미지, 텍스트, 오디오 등 다양한 콘텐츠가 생성되는 것을 떠올릴 수 있다.

대형 언어 모델은 텍스트 기반의 인공지능을 구현하는

기술로 이해하면 된다. 챗지피티, 제미나이 등 텍스트 기반의 생성형 인공지능 대부분이 대형 언어 모델을 활용하고 있다. 그 외에도 시맨틱 검색(Semantic Search) – 키워드 기반이 아닌 단어와 단어 사이의 관계나 의미 파악을 통해 사용자 검색 질의에 대한 명확한 의미를 이해하여 검색 결과를 제공하는 기술(정보통신용어사전) –, 정보 추출 등 자연어 처리 분야의 다양한 문제를 해결하기 위해 대형 언어 모델을 활용한다.

이 책의 구성

현재의 인공지능이 개발에서 어떻게 활용될 수 있을지, 더 나아가서는 인공지능 그 자체가 개발하는 소프트웨어에 포함되고 있는지를 알아보고, 그 강점 및 약점을 파악하여, 최종적으로는 개발에서의 인공지능에 대해 고찰해 보기 위해서 이 책을 집필하게 되었다. 특히나 현재의 인공지능은 어떤 면에서는 우리가 상상하는 것보다 더 뛰어난 역량을 보여 주기도 하고, 때로는 우리가 상상하는 것에 훨씬 못 미치는 결과를 보여 주기도 한다. 인공지능을 그냥 사용하는 법이 아닌 '잘' 사용하는 법이 중요해진 이유다. 그에 따라 인공지능이 가져다준 개발 혁신 속에서 인공지능을 잘 활용하기 위해서는 어떻게 해야 할지에 대해 저자가 고민한 내용들을 함께 다루고자 한다. AI, 경쟁과 활용 사이(1장), 지능형 소프트웨어 공학(2장)에서는 개발이라는 분야에서 인공지능이 어떻게 활용되고 있고, 어느 정도의 역량을 보이는지에 대해서 정리하였다. AI가 설명하는 코드(3장), AI 활용 개발과 자동화(4장), 코드 품질 향상을 위한 AI(5장), 지능형 테스트(6장), AI와 보안(7장), 제품으로서의 AI(8장), 프롬프트 엔지니어로서 개발자(9장)는 실제로 저자가 인공지능을 활용하여 개발한 경험과 그를 통해 얻은 통찰을 최대한 녹여 작성하였다. 개발에서 인공지능을 활용해 본 사람들이라면 크게 공감할 것이고, 아직 사용해 보지 못한 사람이라면 활용 방법과 장단점에 대해 개략적으로 파악할 수 있을 것이다. 마지막으로 AI 시대의 창의력(10장)에서는 인공지능이 만연해진 현재에서 그리고 더 발전할 미래에서 개발자들은 어떤 역량을 가져야 할지, 그중에서 특히 어떤 창의력을 발휘하여야 할지에 대해서 고찰해 보았다. 단순 개발 역량을 넘어 창의적이고 혁신적으로 사고하는 방법이 더욱 중요해지게 될 미래에서, 개발자들은 어떤 자세를 취해야 할지를 함께 고민해 보면 좋겠다.

추가로 이 책에서는 가능한 한 많고 다양한 근거 자료

및 참고문헌을 참조하여 작성하고자 하였다. 동시에 단순히 연구 및 조사 결과를 나열하는 것이 아닌 저자의 생각과 의견을 첨언하여 풍성하게 구성하고자 하였다. 이는 단순히 저자의 생각이나 상상에 기반한 것이 아닌, 실제로 연구되거나 조사된 다양한 사실들에 기반하여 독자가 생각할 수 있도록 도우며, 저자가 생각한 의견을 예시로 삼아 독자가 다양한 상상을 펼칠 수 있도록 돕기 위함이다. 다양한 참고문헌으로부터 저자의 생각을 넘어 더 많은 것들을 상상하고 발견할 수 있기를 바란다.

개발자 혹은 개발자가 되기를 준비하는 사람들에게, 개발자가 아니더라도 생성형 인공지능의 활용에 관심 있는 사람들에게 이 책이 흥미로운 통찰을 제공해 주기를 기대한다.

참고문헌

매킨지앤드컴퍼니(2024.5.30). The state of AI in early 2024: Gen AI adoption spikes and starts to generate value . McKinsey & Company,
https://www.mckinsey.com/capabilities/quantumblack/our-insights/the-state-of-ai/

이현석(2023.6.14). 나우앤서베이 설문, 대한민국 직장인 생성형 AI 활용 현황. ㈜엘림넷,
https://www.nownsurvey.com/board/hotissue/view/wr_id

/171/ptype/all/stx/
한국정보통신기술협회. 인공 지능. 정보통신용어사전, https://terms.tta.or.kr/dictionary/dictionaryView.do?word_seq=036162-17
한국정보통신기술협회. 생성형 인공지능. 정보통신용어사전, https://terms.tta.or.kr/dictionary/dictionaryView.do?word_seq=186721-1
한국정보통신기술협회. 시맨틱 검색. 정보통신용어사전, https://terms.tta.or.kr/dictionary/dictionaryView.do?word_seq=055205-1
Li, P. L., et al.(2015). What makes a great software engineer?. 2015 IEEE/ACM 37th IEEE *International Conference on Software Engineering, 1*, pp.700-710
NVIDIA Korea(2016.3.13). 인공지능(AI)은 어떻게 발달해왔는가, 인공지능의 역사, https://blogs.nvidia.co.kr/blog/history_of_ai/
Radford, A.,et al.(2018). Improving language understanding by generative pre-training.

01
AI, 경쟁과 활용 사이

AI 기술의 발전은 단순한 자동화를 넘어 창의적 문제 해결에 기여하며, 예술, 경영, 법률, 개발 등 다양한 분야에서 기존 방식을 뒤엎고 새로운 접근을 요구하고 있다. 특히, 개발 분야에서 인공지능의 영향을 이해하는 것은 미래를 준비하는 데 필수다. 이 글에서는 인공지능으로 인한 개발 분야의 패러다임 전환과 그 의미를 살펴보고, 인공지능과 인간 개발자 간의 공생 가능성을 탐구하고자 한다. 인공지능과 협력하는 방법을 모색함으로써 우리는 더 발전된 기술 환경에서 함께 일할 수 있을 것이다.

AI와 1인 창업?

개발 패러다임 전환

AI 시대가 도래하며 분야를 막론하고 큰 변화들이 찾아오고 있다. 인공지능과 패러다임 전환을 키워드로 간단히만 조사해 보아도 “인공지능 생성 기술 기반의 웹툰 생태계 패러다임 전환 연구”(이수진 · 강지영, 2023), “인공지능 시대 예술의 패러다임 전환: 모더니즘 이후 매체 개념의 변화와 에이전트로서의 예술 매체 등장”(이임수, 2020) 등 예술 분야에서의 패러다임 전환 관련 자료들을 찾을 수 있으며, “세무 업무 패러다임(paradigm)의 전환: 인공지능(AI) 기술의 세무 업무에서의 효익과 문제점”(이창규, 2023), “인공지능 창작물의 보호에 관한 저작권법 체계의 패러다임 전환에 관한 고찰”(한지영, 2021)과 같은 언뜻 보기에는 인공지능과 관련이 없어 보이는 경영 분야 혹은 법률 분야에서의 패러다임 전환에 대해서도 찾아볼 수 있다. 인공지능 기술이 발전하여 간단한 문제에 대해서는 사람과 비슷한 능력을 보여 주면서, 다양한 분야에서 인공지능을 활용해 문제를 해결하려는 시도와 성공 사례가 늘어나고 있기 때문이다. 이러한 패러다임의 전환은 개발 분야에서도 예외가 아니다.

불과 3년 전만 하여도 개발 분야에서 인공지능을 활용하는 사례는 매우 제한적이었다. 많은 서비스들이 규칙 기반의 알고리즘을 활용한 인공지능을 제공했으며, 제한된 활용처에서만 사용할 수 있었다. 대표적인 사례로는 마이크로소프트(Microsoft)사의 통합 개발 환경(Integrated Development Environment)인 비주얼 스튜디오(Visual Studio)에서 제공하는 '인텔리센스(IntelliSense)'가 있다. 문법 규칙과 휴리스틱(heuristic)을 활용하여 타입(type) 혹은 네임스페이스(namespace)의 멤버(member)를 보여 주거나, 함수 등의 매개변수(parameter) 정보를 출력해 주고, 단어 자동 완성을 지원하는 기능이다. 비록 단순하고 제한된 기능만을 제공하지만, 현재 사용할 수 있는 함수나 변수가 무엇인지 추적하고, 현재 작성해야 하는 매개변수가 무엇인지를 알 수 있는 등 개발에 큰 도움을 주어 개발자들의 생산성이 크게 향상되는 기능이다.

최근에는 생성형 인공지능이 급속도로 발전하고, 동시에 훌륭한 성과들을 보이면서, 이를 활용한 다양한 개발 보조 서비스들이 출시되고 있다. 대표적인 예시로는 깃허브(GitHub)사의 '깃허브 코파일럿(GitHub Copilot)'과 애니스피어(Anysphere)사의 '커서(Cursor)' 서비스가 있다. 기존의 인텔리센스가 간단한 단어의 자동 완성만을 지원했다면, 두 서비스는 단어, 줄, 혹은 여러 줄의 코드를 한 번에 자동 완성할 수 있게 도와준다. 또한 대화 기능을 통해 인공지능과 현재 코드를 주제로 대화할 수 있고, 이를 이용해 설명, 동작 예상, 리팩터링 등을 수행할 수 있다. 개발 분야의 패러다임 전환이 이루어진 것이다.

개발하는 AI

간단히 현재 사용할 수 있는 변수나 함수를 알려 주는 자동 완성과 사용자가 어떤 코드를 작성할지를 예상하고 코드를 추천해 주는 자동 완성은 완전히 다른 기능에 가깝다. 후자를 수행하기 위해서는 현재까지 작성된 코드에 대한 이해와 전체 프로젝트의 목적에 대한 이해, 그를 기반으로 한 앞으로 필요한 기능에 대한 예측이 필요하다. 그리고 무엇보다도 코드를 잘 작성할 줄 알아야 한다. 앞선 이해와 예측에 관해서는 최근 대형 언어 모델을 이용하는 생성형 인공지능의 맥락 이해 능력과 추론 능력으로 미루어 보아, 기존 작성된 코드들을 인공지능에 보여 준다면 해결할 수 있을 것으로 보인다. 하지만 인공지능이 코드를 작성할 수 있을까?

학계에는 코드 작성 문제를 다루는 다양한 벤치마크(benchmark)가 존재한다. 특정한 기능을 수행하는 코드를 작성하는 것을 문제로, 정해진 단위 테스트(unit test)–특정 기능을 수행하는 코드에 대해서 의도된 대로 정확하게 동작하는지를 검증하는 절차–를 통과하는지를 검증하여 방법론들을 평가하는 방식이다. 대표적으로는 '휴먼이벌(HumanEval)'(Chen et al., 2021), 'MBPP'(Austin et al., 2021) 등이 활용되는데, 해당 벤치마크에서 인공지능의 성능을 살펴보는 것으로 인공지능의 코드 작성 능력을 유추해 볼 수 있다. 각각의 벤치마크에서 생성형 인공지능의 성능을 보면, 휴먼이벌에서는 98.2%의 정확도를(Zhong et al., 2024), MBPP에서는 91.8%의 정확도를 보인다(Huang et al., 2023). 생성형 AI가 사용자가 정의한 기능에 대해서 정확하게 동작하는 코드를 거의 모든 경우에 대해서 작성해 줄 수 있다는 뜻이다. 인공지능이 코드를 작성하는 시대다.

인공지능의 성능만 놓고 보자면 정말 인공지능이 사람을 대체할 날이 얼마 남지 않은 것으로 느껴지기도 한다. 하지만 그 실상을 조금만 들춰 보면 아직도 명확한 한계가 있다. 대부분의 벤치마크는 간단한 함수나 모듈 수준의 구현만을 확인하며, 구현하고자 하는 코드에 대한 명확한 설명이 존재한다. 이는 실제 개발자가 업무를 하는 환경과는 큰 괴리가 있다. 개발자의 업무는 단순한 프로그래밍 문제를 푸는 것을 넘어 훨씬 광범위하다. 많은 개발자가 명확하지 않은 요구 사항 아래에서 많은 소통과 시행착오를 겪으며 프로그램을 개발한다. 또한, 거대한 프로젝트의 일부분을 담당하거나 심지어는 프로젝트 전체를 구현해야 하는 일도 비일비재하다. 그렇기에 아직은 인공지능이 개발자 한 명을 온전히 대체하기에는 무리가 있다.

개발자와 AI의 공생

인공지능은 계속해서 발전할 것이고, 그 속도는 계속해서 가속화될 것이다. 엔비디아(NVIDIA)의 최고경영자(CEO)인 젠슨 황(Jensen Huang)은 인간과 같은 수준의 범용 인공지능(AGI, Artificial General Intelligence)이 5년 이내에 등장할 것으로 예측했다(김태종, 2024). 비록 현재의 인공지능에는 명확한 한계가 있지만, 인간과 같이 개발하는 인공지능, 어쩌면 인간보다 더 빨리, 더 정확하게 개발하는 인공지능이 머지않았을지도 모른다. 인공지능과 계속해서 경쟁하고자 한다면, 인공지능이 계속해서 발전하고 언젠가 인간보다 더 잘 개발하는 인공지능이 나타나게 되었을 때, 그 경쟁에서 이기기는 힘들 것이다.

개발 분야에서 인공지능과 관련된 중요한 화두 중 하나는 "인공지능이 개발자를 대체할 수 있을 것인가?"다. 다행히도 인공지능이 개발자를 온전히 대체하기까지는 아직 시간이 있을 것으로 전망된다. 사람들이 의료 기록과 같은 개인정보, 금융, 재정 혹은 군사와 같은 기밀 정보 및 시스템, 혹은 원자력발전 관리와 같은 안전과 직결된 시스템 등 민감한 정보나 시스템을 다루는 프로그램을 개발할 때, 인공지능을 온전히 믿고 모든 개발을 맡기기까지는 시간이 걸릴 것이라는 이유 때문이다. 그뿐만 아니라 개발자를 대체하는 인공지능이 있다고 하더라도, 이를 개발하는 개발자나 연구자, 혹은 이를 서비스화하는 개발자는 여전히 필요할 것이라는 시각이다 (Coursera Staff, 2024).

하나 반대로 생각하면, 상기한 몇몇 특수한 경우를 제외하면 인공지능이 개발자를 대체할 수 있을 것으로 생각된다. 특히나 간단한 개발 작업에 대해서는 이미 인공지능이 좋은 성능을 보이는 만큼, 현시대의 개발자들은 인공지능과 경쟁하는 것이 아닌, 인공지능과 공생하는 방법, 즉 '인공지능을 잘 활용하는 방법'에 대해서 고민해야 할 것이다.

AI 활용하기

개발에서 인공지능을 활용하는 가장 직관적인 방법은 인공지능을 이용해 코드를 작성하는 것이라 본다. 하지만 인공지능을 제대로 활용하려면, 단순 코드 작성만으로는 부족하다. 인공지능은 코드 작성에 국한되지 않고, 무궁무진한 활용이 가능하다. 인공지능으로 코드에 대한 설명을 작성하는 건 어떨까? 코드에 대한 리팩토링을 요청할 수도 있을 것이다. 테스트 코드를 작성하거나 모의로 디버깅을 해 볼 수도 있다. 코드의 보안 취약점을 찾아 달라 요청할 수도 있고, 난독화를 시도해 볼 수도 있다. 이러한 다양한 활용 가능성을 상상하고 적용한 후, 그중에서도 의미 있고 좋은 활용처를 찾아내는 것이 인공지능을 잘 활용하는 역량이라 할 수 있다.

물론, 모든 방법을 직접 상상하고, 수행하면서 자신에게 맞는 최적의 활용법을 하나하나 찾아 나갈 수도 있다. 하지만 이미 수많은 연구자와 개발자들이 좋은 활용법을 찾기 위해 연구와 실험을 수행하고 있는바, 이미 발견된 활용법을 잘 적용하는 것도 방법이다. 이를 위해, 구글 학술 검색(Google Scholar) 웹사이트에서 관련된 논문들을 조사해 보고, 좋은 방법론을 찾아볼 수 있다. 더 전문적인 결과를 원한다면 인공지능 분야의 주요 학회인 신경정보처리시스템학회(NeurIPS, Conference on Neural Information Processing Systems)나 국제머신러닝학회(ICML, International Conference on Machine Learning), 자연어 처리 분야의 주요 학회인 전산언어학학회(ACL, Annual Meeting of the Association for Computational Linguistics)이나 자연어처리방법론학회(EMNLP, Empirical Methods in Natural Language Processing) 등 다양한 학회에 게재된 최신 논문들을 찾아보는 것도 좋다. 또한, 레딧(Reddit)이나 스택 오버플로우(Stack Overflow)와 같은 커뮤니티를 참조하여 다른 개발자들의 방법을 살펴보는 것도 가능하다.

발견한 방법들이 유의미한지를 검증해 보는 것도 중요하다. 아무리 창의적이고 대단한 방식으로 인공지능을 활용한다고 하더라도, 인공지능이 기대한 만큼의 성능을 발휘하지 못하거나 이상한 결과를 생성한다면, 결국 사람이 다시 검수하는 작업으로 불편함이 증가하게 된다. 따라서 자신의 개발 환경에서 상상한 혹은 발견한 방법들을 직접 시도해 보고, 불편함 없이 사용할 수 있는지 확인해 보아야 한다. 더 나아가서 프롬프트나 초매개변수(hyperparameter)를 조정하여 자신에게 가장 적합한 방법을 찾고, 이를 통해 편의성 증대 및 생산성 향상을 노려 볼 수도 있다.

참고문헌

김태종(2024.3.20). 젠슨 황 엔비디아 CEO "인간과 같은 수준의 AGI, 5년이내 등장"(종합2보). 연합뉴스, https://www.yna.co.kr/view/AKR20240320005551091

이수진·강지영(2023). 인공지능 생성 기술 기반의 웹툰 생태계 패러다임 전환 연구. ≪융복합지식학회논문지≫, 11(3), 45-54쪽.

이임수(2020). 인공지능 시대 예술의 패러다임 전환: 모더니즘 이후 매체 개념의 변화와 에이전트로서의 예술 매체 등장. ≪현대미술사연구≫, 48, 215-242쪽, 10.17057/kahoma.2020..48.008

이창규(2023.8.16). 세무 업무 패러다임(paradigm)의 전환: 인공지능(AI) 기술의 세무 업무에서의 효익과 문제점. 한국경영학회 융합학술대회, 부산.

한지영(2021). 인공지능 창작물의 보호에 관한 저작권법 체계의 패러다임 전환에 관한 고찰. ≪경영법률≫, 31(3), 27-64쪽.

Austin, J., et al.(2021). Program synthesis with large language models. arXiv preprint arXiv:2108.07732.

Chen, M., et al.(2021). Evaluating large language models trained on code. arXiv preprint arXiv:2107.03374.

Coursera Staff(2024.4.6). Will AI Replace Programmers and Software Engineers?. Coursera, https://www.coursera.org/articles/will-ai-replace-programmers

Huang, D., et al.(2023). AgentCoder: Multi-Agent-based Code Generation with Iterative Testing and Optimisation. arXiv

preprint arXiv:2312.13010.
Zhong, L., et al.(2024). LDB: A Large Language Model Debugger via Verifying Runtime Execution Step-by-step. arXiv preprint arXiv:2402.16906.

02
지능형 소프트웨어 공학

AI 기술은 소프트웨어 공학의 모든 측면을 혁신하고 있다. 단순한 코딩 보조를 넘어 운영, 유지 보수 등 개발 생애 주기 전체에 영향을 미친다. 이 글에서는 AI가 소프트웨어 개발 과제를 해결하는 '지능형' 소프트웨어 공학과, AI 그 자체나 이를 활용한 서비스를 개발하는 '지능형 소프트웨어' 공학을 다룬다. 두 분야의 발전이 소프트웨어 공학에 미치는 영향과 AI와 인간 개발자의 협력 방안을 탐구한다.

AI와 MBTI?

소프트웨어 공학과 AI

"소프트웨어 공학 지식 체계 가이드(Guide to the Software Engineering Body of Knowledge)"에 따르면 소프트웨어 공학이란 "소프트웨어의 개발, 운영, 유지 보수에 체계적이고, 규율이 있으며, 정량적인 접근 방식을 적용하는 것, 즉 소프트웨어에 공학을 적용하는 것"을 말한다(Bourque & Fairley, 2014). 즉, 소프트웨어 공학에서 인공지능을 활용한다는 것은 단순 개발에만 인공지능을 활용하는 것이 아닌, 운영, 유지 보수 등 소프트웨어 개발 생애 주기(SDLC, Software Development Life Cycle) 전반에 인공지능을 적용하는 것을 말한다. 예컨대 코딩 보조 역할로서의 인공지능뿐만 아니라 인공지능을 활용한 요구 사항 분석, 개발, 디버깅, 검증, 배포 자동화 및 유지 보수 등을 포함한다. 이와 같은 소프트웨어 공학에 인공지능을 접목하는 시도들이 늘어남에 따라, 이를 다루는 독립적인 분야인 지능형 소프트웨어 공학 분야가 발생하게 되었다.

지능형 소프트웨어 공학은 크게 두 가지 주제를 다루는데, 각각을 '지능형' 소프트웨어 공학과 '지능형 소프트웨어' 공학이라고 표현할 수 있다. 전자의 경우 소프트웨어 공학의 다양한 과제들에 AI를 접목하여 해결하고자 하는 시도를 다루며, 후자의 경우 '지능형 소프트웨어', 즉 인공지능 그 자체 혹은 그를 활용한 서비스의 소프트웨어 공학을 다룬다(Xie, 2018).

'지능형' 소프트웨어 공학

하나의 소프트웨어를 개발하기 위해서 단순히 코드를 작성하는 것으로 모든 일이 완료되는 것이 아니다. 코드를 작성하는 것은 기본이고, 다른 동료들과 쉽게 협업할 수 있도록 코드의 설명을 작성하거나 리팩터링을 통한 코드의 가시성 향상이 진행되기도 하고, 코드가 정상적으로 동작하지 않아 디버깅을 수행하거나 코드를 수정하는 일도 잦으며, 코드가 잘 동작하는지 확인하기 위한 단위 테스트를 작성하고 검증을 수행하는 등 다양한 부가 작업이 필요하다. '지능형' 소프트웨어 공학에서는 이러한 개발자의 다양한 업무에 인공지능을 적용하는 것을 목표로 한다.

소프트웨어 개발의 다양한 분야에서 이미 인공지능이 활발히 활용되고 있으며, 관련 연구도 많이 진행되고 있다. 예를 들어, '깃허브 코파일럿'이나 '커서'와 같은 서비스를 통해 개발자는 생성형 AI의 강력한 이해 및 대화 능력을 활용하여 업무 전반에 도움을 받을 수 있다. 그러나 이를 효과적으로 활용하는 것은 또 다른 문제다. 어떻게 하면 더 효과적으로 생성형 AI를 사용할 수 있을지에 대한 탐구가 필요하다.

'지능형 소프트웨어' 공학

인공지능을 활용한 제품은 과거부터 꾸준히 개발되어 왔다. 큰 틀에서 보자면 1994년 출시된 금성 카오스 에어컨–내부의 체감 센서가 온도, 습도, 풍량, 풍속을 스스로 판단하고 인체 쾌적도에 따라 냉방을 실시하는 에어컨(최형규, 1994)–도 인공지능 제품이라 볼 수 있을 것이다. 최근에는 생성형 인공지능의 급격한 발전과 함께, 이를 활용한 인공지능 제품들이 무수히 많이 개발되고 있다. 웹페이지에서 제공하는 챗봇(Chatbot) 서비스부터 번역기, 오타 교정기 등 다양한 목적으로 인공지능 제품들이 개발되고 있다.

'지능형 소프트웨어' 공학은 인공지능 그 자체나 이를 활용한 서비스의 개발을 탐구하는 분야다. 인공지능에 대한 관심이 증가함에 따라, 인공지능 기술 및 이를 활용한 서비스에 대한 수요도 늘어나고 있다. 예를 들어, 인공지능 기술 시장의 규모는 2023년에만 약 2000억 달러에 달했으며, 2030년까지 1조8000억 달러를 넘어설 것으로 예상된다(Thormundsson, 2024). 인공지능을 활용한 서비스가 증가함에 따라, 개발자들은 제품에 인공지능을 적용하는 목적과 방법을 깊이 고민해야 한다.

생성형 AI와 지능형 소프트웨어 공학

생성형 인공지능은 지능형 소프트웨어 공학 분야에 거대한 활력을 불어넣었다. 소프트웨어 공학의 다양한 측면에서 인공지능을 활용할 수 있게 되었으며, 동시에 생성형 인공지능을 활용한 다양한 제품들도 출시되고 있기 때문이다. 소프트웨어 공학 분야는 전체적으로 거대한 변화를 맞이하고 있다. 이러한 상황 속에서 개발자들도 지능형 소프트웨어 공학을 쉽게 접할 수 있게 되었다.

생성형 인공지능을 활용한 개발 보조 프로그램은 이제 일상이 되었다. 코드를 몇 자 작성하지 않아도 인공지능이 필요한 줄 또는 함수 전체를 작성해 준다. 리팩토링을 위해 함수 이름을 변경하려고 하거나 함수를 분리하려고 할 때에도, 사용자의 의도를 파악한 인공지능이 새로 작성해야 할 함수를 다 작성해 준다. 주석은 시작 기호만 작성하여도 자세한 설명이 완성된다. 이러한 상황이 반복되며 개발자가 직접 코딩하는 시간이 크게 줄어든 것으로 느껴진다.

생성형 인공지능을 활용한 지능형 소프트웨어 개발도 쉽게 수행할 수 있다. 오픈에이아이의 챗지피티나 구글의 제미나이와 같은 생성형 인공지능 서비스가 어디서든 쉽게 활용할 수 있도록 애플리케이션 프로그래밍 인터페이스(API, Application Programming Interface) 형태로 제공되기 때문이다. 개발자는 개발하는 소프트웨어에 제공되는 애플리케이션 프로그래밍 인터페이스를 이용해 생성형 인공지능 서비스를 활용할 수 있도록 연결해 주기만 하면 된다.

결론적으로, 생성형 인공지능은 지능형 소프트웨어 공학의 발전을 크게 가속하고 있다. 이는 단순한 기술 발전을 넘어 개발자와 인공지능이 함께 일하는 새로운 협력 방식을 만들어 감을 의미한다. 이러한 변화 덕분에 소프트웨어 공학은 더 창의적이고 효율적인 방향으로 발전할 것이다. 그뿐만 아니라 개발자들은 인공지능과 협력하여 더 혁신적인 제품과 서비스를 만들게 될 것이다. 이 과정에서 지속적인 학습과 적응이 중요하며, 이는 미래의 소프트웨어 개발 환경에서 경쟁력을 유지하는 데 필수다.

참고문헌

최형규(1994.6.8). 에어컨도 환경바람 – 각 업체들 자연 냉방만들기 경쟁. 중앙일보, https://www.joongang.co.kr/article/2893990

Bhuvaneswari, T., & Prabaharan, S.(2013). A survey on software development life cycle models. *International Journal of Computer Science and Mobile Computing, 2*(5), pp.262–267.

Bourque, P. & Fairley, R. E.(2014). Guide to the Software Engineering Body of Knowledge, Version 3.0. IEEE Computer Society, www.swebok.org.

Thormundsson, B.(2024.6.19). Artificial intelligence (AI) worldwide – statistics & facts. statista, https://www.statista.com/topics/3104/artificial-intelligence-ai-worldwide

Xie, T.(2018). Intelligent software engineering: Synergy between AI and software engineering. InProceedings of the 11th Innovations in Software Engineering Conference, p.1.

03
AI가 설명하는 코드

코드를 이해하는 것은 프로그래밍의 핵심 역량이다. 코드에 대한 명확한 설명은 코드를 이해하는 데 큰 도움을 준다. 그러나 설명이 부족한 경우라면 새로운 접근 방식이 필요하다. 생성형 AI를 활용하면 설명이 없는 코드의 설명을 생성할 수 있다. 이는 코드의 이해를 돕고, 프로그래밍 업무의 효율성을 높이는 데 도움이 된다.

AI와 난임 극복?

코드 설명의 필요성

다른 사람이 구현한 코드를 이해할 때, 코드의 설명은 정말 중요하다. 코드 구현의 목적이나, 해당 코드의 역할, 구현에서 숨겨진 가정, 요구되는 입력과 예상되는 출력 등을 사전에 알고 코드를 파악하는 것이, 아무런 사전 정보 없이 코드를 파악하는 것보다 훨씬 쉽기 때문이다. 입문 프로그래밍 수업의 학생들을 대상으로 연구한 결과, 단순히 작성할 코드에 대한 힌트만 제공한 그룹과 대비하여, 코드에 대한 자세한 설명을 함께 제공받은 그룹이 주어진 과제를 더 잘 수행하는 것으로 나타났다. 그뿐만 아니라, 자세한 설명을 함께 제공받은 그룹은 과제의 목적이나, 프로그래밍 개념, 현재 코드에 대해서 스스로 설명하도록 지시하였을 때, 더 잘 설명하는 것으로 나타났다(Marwan et al., 2019). 요컨대 코드에 관한 적절한 설명이 제공되었을 때 과제를 더 잘 수행하며, 과제에 대해서 더 잘 이해할 수 있다는 것이다.

반면, 코드에 관한 설명이 없거나 부실할 경우, 앞서 말한 코드의 역할부터 입출력까지 모든 것을 파악해야 한다. 이를 파악하기 위해서는 단순히 현재 보고 있는 코드만 이해해서 되는 것이 아니라, 해당하는 코드가 사용되는 곳이나 다른 코드들과 상호 작용하는 방식을 모두 파악해야 하고, 이는 엄청난 부담이 된다. 개발자로서 학업을 진행하든, 사회에서 업무를 하든, 다른 사람이 작성한 코드를 참고하고 이해하는 일은 매우 자주 일어나는데, 코드의 설명이 부실하다면 코드의 이해에만 매우 큰 시간을 할당해야 한다. 이는 결과적으로 매우 비효율적이다.

업무의 효율 증대를 위해서, 그리고 코드에 대한 전반적인 이해와 목적을 명확히 하기 위해서 코드의 설명이 필요하다. 그러나 실제로는 코드의 설명이 없거나 부실한 경우가 많다. 처음 코드를 작성한 사람이 생각한 목적이나 가정을 잘 적어 주는 것이 가장 이상적이나, 그렇지 않은 상태로 완성되어 공유되는 경우가 잦기 때문이다. 코드의 설명이 없는 상황에서 코드의 설명이 필요하다.

코드를 설명하는 AI

생성형 인공지능이 주목받으며 이를 이용한 코드 설명 생성 및 생성된 설명의 평가가 다방면으로 연구되고 있다. 웹 소프트웨어 개발 코드에 대한 설명 생성을 연구한 한 논문에서는, 생성형 인공지능의 설명은 평균 5점 만점에서 3.9점으로 유용하다고 평가되었다(MacNeil et al., 2023). 또한 한 연구에서는 인공지능이 생성한 코드 설명이 학생이 작성한 설명에 비해 이해하기 쉽고(평균 4.12점 대비 3.75점), 정확성 면에서도 우수하다고 평가를 받으며(평균 4.0점 대비 3.78점), 사람과 비교했을 때도 인공지능이 생성한 설명이 더 유용함을 입증하였다(Leinonen et al., 2023). 더불어 전문가가 작성한 설명과 비교하였을 때, 인공지능이 생성한 설명이 학생이 작성한 설명에 비해 더 유사함을 보인 논문도 있다(Lekshmi-Narayanan et al., 2023). 다양한 연구에서 인공지능이 생성한 코드 설명의 유의미함이 입증되고 있다. 다만 구현된 코드로 좋은 설명을 생성하기 위해서, 생성형 인공지능이 코드를 잘 이해할 필요가 있으며, 프롬프트를 통해 좋은 결과를 뽑는 과정도 필요하다.

생성형 인공지능이 코드를 이해하기 위해서는, 먼저 생성형 인공지능에 현재의 코드를 보여 줄 필요가 있다. 예를 들어 깃허브 코파일럿 서비스의 경우, 현재 개발 중인 파일과 관련된 다양한 파일들을 참고하여 사용자와 상호작용을 한다. 즉, 자동으로 필요한 코드들을 보고 이해하며, 사용자에게 유의미한 설명을 할 수 있는 것이다. 반면 챗지피티 서비스를 활용하고자 하는 경우에는, 직접 관련된 코드들, 예를 들어, 현재 보고 있는 함수가 사용되는 부분이나 현재 함수에서 사용하는 다른 함수 등을 채팅을 통해 잘 전달할 필요가 있다. 또한 프롬프트를 통해, 해당 코드들을 참고하여 현재 보고 있는 코드에 대한 설명을 잘 요청하여야 한다.

한 연구에서는 코드를 제공하고, 코드 설명을 요청하는 프롬프트의 템플릿(template)을 사전에 작성해 두어, 챗지피티에 설명을 요청하는 과정을 자동화하였다(Chen et al., 2023). 이를 통해 생성형 인공지능의 고질적인 문제인 '환각(Hallucination)' 문제—인공지능 모델이 정확하지 않거나, 사실이 아닌 출력을 생성하는 문제—를 해소하면서 동시에 양질의 설명을 쉽게 얻었다. 이처럼 자동화와 프롬프트 고도화를 통해서 기존의 서비스를 더 고도화하여 활용하는 방안도 있다.

이미 작성된 코드를 보고 이해하는 업무에서 코드의 설명은 매우 큰 도움이 된다. 하지만 이러한 코드 설명이 사전에 작성되어 있지 않은 상황이라면, 생성형 인공지능을 활용하여 설명을 생성해 사용할 수 있다. 이미 생성형 인공지능을 활용한 설명이 좋은 결과들을 보이고 있기 때문이다. 생성형 인공지능을 활용할 수 있는 다양한 서비스를 통해, 코드 설명 생성을 업무에 녹여 활용한다면, 코드 이해 업무에서 쉽게 큰 도움을 얻을 수 있다. 이를 통해 업무의 효율성을 높이고 더 잘 수행할 수 있을 것이다.

AI와 코드 설명 작성하기

코드 설명의 중요성을 잘 이해하고 있는 개발자라면, 자신이 작성하는 코드에도 꼼꼼하게 설명을 작성하려 할 것이다. 이렇게 작성된 코드 설명은 차후 다른 팀원과 협업하게 되거나 혹은 작성한 코드를 누군가에게 공유해야 하는 상황에서 큰 도움이 된다. 하지만 동시에 코드 설명을 작성하는 것은 매우 귀찮은 일이기도 하다. 특히나 프로젝트가 바쁘게 돌아가는 상황에서 설명까지 신경 쓰기는 쉽지 않다. 이때 인공지능이 큰 도움이 될 수 있다.

물론 생성형 인공지능의 코드 설명 능력을 활용하여 코드의 설명을 바로 생성할 수도 있다. 하지만 코드 이해도는 인공지능보다 코드를 개발한 개발자가 더 높기 때문에, 개발자가 원하는 양질의 설명을 얻기 힘들 수 있다. 이런 상황에서는 코드 설명에 대한 검수를 요청할 수 있다. 개발자는 생성형 인공지능에 함수의 역할이나 동작 방식을 요약하여 코드와 함께 알려 주고, 더 자세하고 이해하기 쉬운 설명을 요청할 수 있다. 이러한 방식을 통해 개발자가 원하는 내용을 잘 담으면서도, 설명 작성에 너무 많은 시간을 쓰지 않고 코드 설명을 작성할 수 있다.

더 나아가 이러한 과정 자체를 자동화할 수도 있다. 함수를 작성할 때 자동으로 필요한 설명을 작성하도록 하는 것이다. 특히, 코드 설명의 중요성은 이미 개발자들 사이에 널리 알려져 있기에, 손쉬운 코드 설명 작성을 돕는 다양한 자동화 방법들이 과거부터 존재했다. 비주얼 스튜디오 코드(Visual Studio Code)에서 동작하는 오토독스트링(autoDocstring) 확장의 경우, 사용자가 독스트링을 쉽게 작성할 수 있도록 템플릿을 자동으로 생성해 준다(Werner, 2022). 또한, 파이독스타일(pydocstyle)을 활용하면 독스트링이 작성되지 않은 함수나 클래스를 사용자에게 알려 준다(Rachum & Kothari, 2020). 최근에는 챗지피티를 활용하여 독스트링 전체를 자동으로 생성해 주는 확장도 비주얼 스튜디오 코드에서 활용할 수 있게 되었다(Olsen, 2024). 이러한 확장을 활용한다면 코드 설명 생성 과정마저 자동화하여 생산성을 극대화할 수 있을 것이다.

AI 설명 생성의 주의점

생성형 인공지능을 이용하여 코드의 설명을 생성할 때

도 몇 가지 주의해야 할 점이 있다. 앞선 연구 결과들을 보면, 인공지능을 이용한 코드의 설명이 언뜻 유용해 보이며, 코드의 설명이 없는 경우에 활용할 수 있을 것처럼 보인다. 하지만 앞선 연구들은 설명을 생성할 때 간단한 함수나 코드 토막, 혹은 코드 라인을 활용하는 등 간단한 코드를 이용하여 설명을 생성했다는 한계점이 있다. 그뿐만 아니라 좋은 설명을 생성하기 위해서 프롬프트 엔지니어링(prompt engineering)－원하는 결과를 얻기 위해 생성형 인공지능에 입력으로 넣어 주는 프롬프트를 만들고 최적화하는 과정－이 필요하다(MacNeil et al. 2023). 생성형 인공지능에 무작정 설명 작성을 요청하는 것만으로는 좋은 결과를 얻기 어려울 수 있다. 인공지능이 설명을 잘 작성할 수 있는 환경을 구축하고, 필요한 정보를 충분히 제공하며, 생성형 인공지능 활용 기법을 잘 적용함으로써 좋은 설명을 생성할 수 있을 것이다.

생성형 인공지능을 활용하여 코드의 설명을 작성하는 것으로 생산성을 높이고 불필요한 노동을 줄일 수 있다. 하지만 언제나 생성된 설명에 대해서는 주의할 필요가 있다. 작성된 설명이 항상 옳으리라는 보장이 없기 때문이다. 생성형 인공지능의 환각 문제는 너무나도 유명하고 동시에 너무나도 치명적이다. 따라서 개발자는 생성된 설명을 항상 주의하여 살펴볼 필요가 있다.

특히나 이렇게 작성된 코드 설명을 다른 누군가에게 배포해야 하는 상황이라면 더 주의 깊게 살펴보고 오류를 검토해야 한다. 잘못 작성된 설명이 차후 코드를 사용할 사람에게 불필요한 혼란을 야기할 수 있기 때문이다. 따라서 개발자는 설명에 필요한 내용이 모두 잘 작성되었는지, 잘못 작성된 내용이나 제공되지 않는 기능에 대한 설명은 없는지, 코드가 설명대로 잘 동작하는지 등을 검수한 이후 설명을 수용해야 할 것이다.

참고문헌

Chen, E., et al.(2023). GPTutor: a ChatGPT-powered programming tool for code explanation. In International Conference on Artificial Intelligence in Education Cham: Springer Nature Switzerland. pp. 321-327.

Github. About GitHub Copilot Individual. https://docs.github.com/en/copilot/copilot-individual/about-github-copilot-individual

Leinonen, J., et al.(2023). Comparing code explanations created by students and large language models. In Proceedings of the 2023 Conference on Innovation and Technology in Computer Science Education V. 1. pp. 124-130.

Lekshmi-Narayanan, A. B., et al.(2023). Explaining code examples in introductory programming courses: Llm vs humans. arXiv preprint arXiv:2403.05538.

Marwan, S., et al.(2019). The impact of adding textual explanations to next-step hints in a novice programming environment. In Proceedings of the 2019 ACM conference on innovation and technology in computer science education. pp. 520-526.

MacNeil, S., et al.(2023). Experiences from using code explanations generated by large language models in a web software development e-book. In Proceedings of the 54th ACM Technical Symposium on Computer Science Education V. 1. pp. 931-937.

Olsen, O.(2024.5.6). ChatGPT: Docstring Generator. https://marketplace.visualstudio.com/items?itemName=oliversen.chatgpt-docstrings

Rachum, A. & Kothari, S.(2020). pydocstyle's documentation. https://www.pydocstyle.org/en/stable/

Werner, N.(2022.2.16). autoDocstring - Python Docstring Generator. https://marketplace.visualstudio.com/items?itemName=njpwerner.autodocstring

04
AI 활용 개발과 자동화

현대 사회에서 인공지능의 역할은 점점 더 중요해지고 있다. AI는 단순한 데이터 분석을 넘어, 복잡한 문제 해결과 자동화의 영역으로 확장되고 있다. 특히 개발 분야에서는 AI를 활용한 코드 생성과 자동화가 큰 주목을 받고 있다. 이러한 기술은 개발자들이 코드를 더 빠르고 정확하게 작성할 수 있도록 도와주며, 개발 과정의 효율성을 극대화한다.

AI와 사주?

코드 생성의 과거와 현재

인공지능을 활용한 코드 생성은 과거부터 자연어 처리 분야의 주요 관심사 중 하나였다. 대형 언어 모델을 활용한 방법들이 나오기 이전에도, 순환신경망(RNN, Recurrent Neural Network) –순차 데이터 형태의 입력을 처리하여 특정한 순차 데이터 형태의 출력을 생성하는 딥러닝 모델(Deep-learning model) –을 활용한 코드 생성 방법론들이 있었으며(Yin & Neubig, 2017), 그 이전에는 규칙과 템플릿을 이용한 생성 방법론들 또한 있었다(Li & Jagadish, 2014). 이러한 방법론들은 자연어를 이용하여 코드를 생성함으로써 코드를 작성하는 데 도움을 주고자 하였다. 나아가, 코딩에 익숙하지 않은 사람도 원하는 목적을 자연어로 표현하면 코드를 작성할 수 있는 시스템을 목표로 하였다. 이러한 목표에 따라 코드 생성 방법들은 계속해서 연구되어 왔고, 이는 대형 언어 모델이 등장한 이후에도 지속해서 발전되었다.

다양한 연구를 통해 인공지능을 활용한 코드 생성의 가능성을 본 기업들은 코드를 생성하는 서비스를 출시하였다. 대표적인 예시로 깃허브 코파일럿 서비스나 커서 서비스가 있다. 그 외에도, 현재는 챗지피티로 병합된 오픈에이아이 코덱스(OpenAI Codex) 서비스나, 마이크로소프트사의 인텔리코드(IntelliCode) 서비스도 인공지능을 활용해 코드를 생성한다. 제공하는 기능의 범위나 방식은 조금씩 다르지만, 모두 코드를 생성하는 데에 특화되어, 사용자에게 유의미한 코드를 알려 주는 데 목적을 두고 있다.

코드 생성 방법들을 평가하기 위해서 일반적으로 휴먼이벌(HumanEval) 혹은 MBPP와 같은 벤치마크가 활용된다. 점수들을 살펴보면, 챗지피티 서비스의 경우 부가적인 방법 없이 바로 사용하였을 때, 휴먼이벌에서는 90.2%(Anthropic, 2024), MBPP에서는 68.3%의 정확도를 보인다(Huang et al., 2023). 추가적인 방법론을 적용하여 점수를 개선하면 휴먼이벌에서 98.2%의 정확도를(Zhong et al., 2024), MBPP에서는 91.8%까지 정확도를 높일 수 있다(Huang et al., 2023).

생성형 인공지능을 활용하여 양질의 코드를 생성할 수 있는 것이 확인되고 있는 만큼, 코드 생성은 생산성 향상을 가져올 수 있다. 연구에 따르면 깃허브 코파일럿 서비스를 활용하였을 때와 사용하지 않았을 때의 과제 수행 시간을 비교하였을 때, 깃허브 코파일럿을 사용하는 것으로 수행 시간을 55.8%로 줄일 수 있는 것으로 나타났다(Peng et al., 2023). 특히 몇몇 서비스는 통합 개발 환경에서 바로 사용할 수 있어 접근성도 뛰어나다. 예를 들어, 깃허브 코파일럿 서비스의 경우, 마이크로소프트의 비주얼 스튜디오 등에서 설치하여 사용할 수 있다. 커서 서비스는 자체 통합 개발 환경과 함께 제공되며, 추가적인 작업 없이 바로 사용할 수 있다. 코드 생성 서비스를 잘 활용한다면 생산성을 향상하고 업무의 효율성을 높이는 데 큰 도움을 받을 수 있다.

AI 코드 생성과 자동화

인공지능을 활용한 코드 생성에는 두 가지 방법이 있다. 첫 번째는 코드 생성(code generation)이고, 두 번째는 코드 완성(code completion)이다. 이 두 가지 방법을 혼합해서 사용할 수도 있다. 코드 생성 방법의 경우 인공지능에 원하는 코드의 설명을 제공한 뒤, 이를 코드로 작성하라고 요청하는 방식이다. 코드 작성을 어디서부터 시작해야 할지를 모르겠는 상황에서 큰 틀을 잡는 데에 도움이 되며, 아주 간단한 역할을 하는 코드인 경우 한 번에 완벽한 코드를 작성할 수도 있다. 코드 완성 방법은 앞선 코드를 일부 작성한 상황에서 현재의 코드 라인 혹은 현재 함수의 나머지 부분을 인공지능이 완성하게 시키는 방법이다. 개발자는 코드를 생성하는 목적이나 현재 코드 작성 상황에 따라 적합한 방법을 선택하여 코드를 생성할 수 있다.

챗지피티와 같은 범용 언어 모델(General-purpose Language Model)을 활용하는 경우에는, 생성하고자 하는 코드에 대한 자세한 설명을 제공해 주는 것이 좋다. 코드 생성 방법으로 새로운 코드를 생성한다면, 해당 코드의 목적과 역할은 무엇인지, 입출력은 어떻게 정의되는지, 어떤 방식으로 사용되는지 등을 함께 제공할 수 있다. 코드 완성 방법에 따라 나머지 코드를 완성해야 하는 상황에서는, 위의 설명에 더해 현재까지의 구현 상황과 완성해야 하는 코드에 대한 자세한 설명이 포함될 수 있다. 이를 통해 생성형 인공지능이 현재 코드를 이해하도록 하고, 그를 기반으로 새로운 코드를 만들 수 있다.

깃허브 코파일럿과 커서 등의 도구는 사용자가 추가적인 요청을 하지 않더라도 코드 자동 완성을 지원한다. 특히 이 두 서비스는 현재의 코드 라인이나 파일뿐만 아니라 관련된 다양한 파일들을 참조하여 코드 자동 완성을 제공하므로, 코드가 작성된 맥락을 고려한 유용한 제안을 할 수 있다. 이러한 자동 완성 기능은 단순히 한 줄의 코드를 생성하는 것에 그치지 않고, 코드 블록이나 함수 전체를 생성하는 것도 가능하다. 사용자는 제안된 코드를 검토하고 적용함으로써 코드 작성의 반자동화를 이룰 수 있다.

이처럼 인공지능을 활용한 코드 생성과 완성 방법은 개발자의 생산성을 크게 향상할 수 있다. 인공지능 생성 방법론들이 고도화됨에 따라, 미래에는 프로젝트에 대한 간단한 설명만으로도 전체 프로젝트를 완성할 수 있는 자동화가 가능할지도 모른다. 따라서 코드 작성의 효율성을 극대화하고, 정확하고 일관된 코드를 작성하며, 나아가 자동화를 이루기 위해 인공지능 도구들을 잘 활용하는 것은 현대 개발자들에게 필수적인 능력이 될 것이다.

AI가 작성한 코드 검증

인공지능을 활용하여 코드를 생성한 이후에는 해당 코드가 제대로 동작하는지 검증하는 과정이 필수다. 생성형 인공지능의 환각 문제로 인해 작성된 코드가 정확히 잘 동작하지 않을 수 있기 때문이다. 인공지능이 작성한 코드의 정확성과 품질을 보장하기 위해 기능, 성능, 보안 세 가지 측면에서 검토해 보는 것이 좋다.

생성형 인공지능의 코드 작성 능력이 뛰어나다고는 하지만, 많은 경우 기초적인 수준의 함수나 모듈에 국한되어 있다. 따라서 복잡한 논리 구조가 필요하거나 특정한 요구 사항이 있는 경우, 작성된 코드가 기능적으로 잘 작동되는지 검토해야 한다. 구체적으로는 기존 코드와의 입출력 호환성, 구현된 코드의 명확한 동작 여부, 함수명이나 변수명의 오용 등을 검증할 수 있다. 이 과정에서 인공지능을 활용할 수도 있는데, 예를 들어, 선언되지 않은 함수명 혹은 변수명을 사용한 경우에 대해서는 인텔리센스를 통해 쉽게 찾고 수정할 수 있다. 또한, 생성형 인공지능의 채팅 기능을 통해 작성된 코드의 예상 동작을 검토하는 것도 가능하다.

인공지능이 작성한 코드에 특정 성능 요구 사항이 있는 경우라면, 이에 대한 검토도 필요하다. 대부분의 생성형 인공지능은 온라인에 있는 다량의 무작위 코드들을 학습에 활용하는데, 이 중 성능 요구 사항을 고려하여 구현된 코드는 매우 드물다. 따라서 생성형 인공지능이 성능을 고려하지 않고 코드를 구현하는 경우가 많다. 이에 따라 비효율적으로 시간이 오래 걸리거나 메모리 공간을 과도하게 사용하는 코드가 생성될 수 있다. 따라서 성능 요구 사항이 있는 경우, 코드를 생성할 때 프롬프트를 통해 성능 요구 사항을 명확히 전달해야 하며, 작성된 코드가 해당 요구 사항을 만족하는지 확인해야 한다.

또한, 인공지능이 작성한 코드의 보안 취약점을 검토하는 것도 중요하다. 보안 분야의 특성상, 작은 취약점도 심각한 위협과 손해를 초래할 수 있다. 따라서 보안성이 중요한 코드를 작성할 때는 반드시 작성된 코드의 보안 취약점을 철저히 검토해야 한다.

AI와 코드 실행

인공지능이 작성한 코드를 다방면으로 검증하기 위해서는 작성된 코드를 실제로 실행해 볼 필요가 있다. 하지만 때에 따라 코드 실행 과정 자체가 불편하거나 비효율적일 수 있다. 이미 동작하는 프로그램에 새로운 기능을 추가하는 경우에는 많은 작업이 필요 없겠지만, 완전히 새로운 프로그램을 작성할 때는 코드가 동작하도록 만드는 데 큰 노력이 필요할 수 있다. 또한, 코드가 동작하는 환경이 완성된 후에는 기능을 확인하기 위한 예시 입출력도 준비해야 한다. 이러한 실행 과정 전반에서 인공지능의 도움을 받아 볼 수 있다.

새롭게 생성한 코드를 실행하기 위한 최소한의 동작 환경이 없는 경우, 인공지능에 이 환경 구축을 요청할 수 있다. 코드가 어떤 동작을 해야 하고, 어떤 환경에서 동작하는지를 코드를 생성할 때 함께 제공했다면, 인공지능이 더욱 적합한 동작 환경을 구축해 줄 수 있다. 더 나아가 인공지능 서비스를 통해 코드의 실행 자체를 할 수도 있다. 예를 들어, 챗지피티 서비스는 코드 인터프리터(Code Interpreter) 기능을 제공하여, 파이선(Python) 코드를 격리된 환경에서 직접 실행할 수 있게 해 준다. 이를 활용하면 코드 실행 환경을 준비하고 직접 실행하여 결과를 확인하는 과정 없이, 채팅을 통해 코드의 실행 결과까지도 확인할 수 있다.

코드 실행 환경이 준비되면, 예시 입출력을 통해 코드를 실행해 보고 예상대로 잘 동작하는지 확인해야 한다. 이때 예시 입출력을 생성하기 위해서 인공지능을 활용할 수 있다. 단, 작성된 코드와 구동 환경을 알려 준 이후에 예시 입출력을 생성하는 것은 오히려 오류가 발생할 수 있음을 유의해야 한다. 생성형 인공지능이 이미 생성된 코드와 구동법에 대해서 알고 있다면, 입력에 따라 코드를 실행한 결과를 출력으로 사용해 예시 입출력을 생성할 수 있기 때문이다. 이는 코드가 요구 사항에 맞게 잘 동작하는지 검증하는 데 방해가 될 수 있다. 따라서 작성된 코드에 대해 모르는 상태에서 입출력의 형태 등 요구 사항을 알려 주고, 예시 입출력을 생성하도록 하는 것이 더 좋은 결과를 가져올 수 있다.

참고문헌

Anthropic(2024). Claude 3.5 Sonnet Model Card Addendum. https://www-cdn.anthropic.com/fed9cc193a14b84131812372d8d5857f8f304c52/Model_Card_Claude_3_Addendum.pdf

Chen, E., et al.(2023). GPTutor: an open-source AI pair programming tool alternative to Copilot. arXiv preprint arXiv:2310.13896.

Huang, D., et al.(2023). Agentcoder: Multi-agent-based code generation with iterative testing and optimisation. arXiv preprint arXiv:2312.13010.

Li, F., & Jagadish, H. V.(2014). NaLIR: an interactive natural language interface for querying relational databases. In Proceedings of the 2014 ACM SIGMOD international conference on Management of data. pp. 709-712.

Peng, S., et al.(2023). The impact of ai on developer productivity: Evidence from github copilot. arXiv preprint arXiv:2302.06590.

Yin, P., & Neubig, G.(2017). A Syntactic Neural Model for General-Purpose Code Generation. In Proceedings of the 55th Annual Meeting of the Association for Computational Linguistics(Volume 1: Long Papers). pp. 440-450.

Zhong, L., et al.(2024). Ldb: A large language model debugger via verifying runtime execution step-by-step. arXiv preprint arXiv:2402.16906.

05
코드 품질 향상을 위한 AI

소프트웨어 개발에서 코드 품질은 성공의 핵심이다. 그러나 일정 압박과 복잡한 프로젝트로 인해 이를 유지하기란 쉽지 않다. 이 문제를 해결하기 위해 생성형 인공지능이 주목받고 있다. 생성형 AI는 대형 언어 모델을 활용해 코드의 이해와 생성 능력을 발휘하여, 코드 검수, 리팩터링, 문서화 등 다양한 방식으로 코드 품질을 향상할 수 있다.

AI와 아이돌?

기술 부채과 코드 품질

기업에서 소프트웨어 관련 업무를 수행하다 보면, 종종 기술 부채(technical debt)라는 용어를 들을 수 있다. 기술 부채는 와드 커닝햄(Ward Cunningham)이 『경험 보고서: WyCash 포트폴리오 관리 시스템(The WyCash Portfolio Management System)』(1992)에서 처음 사용한 비유인데, 장기적인 코드 품질이 단기적인 이득을 위해서 희생됨으로써, 미래에 이를 수정해야 하는 압박이 생기는 상황을 의미한다(Brown et al., 2010). 예를 들어, 소프트웨어 납품 일정을 맞추기 위해 데이터를 하드코딩–데이터를 코드 내부에 직접 입력하는 것–하거나 이해하기 어려운 함수명과 변수명을 사용하면, 나중에 유지 보수를 해야 할 때 더 많은 시간과 비용을 소요하게 된다. 기술 부채는 장기적으로 방치할수록, 유지 보수를 위해 다른 코드를 덧붙이거나, 혹은 기억에서 잊히는 등의 이유로, 점점 더 커져서 나중에는 개인이 감당하기 힘들 정도가 되기도 한다.

기술 부채를 방지하려면 처음부터 코드 품질을 고려하여 구현하거나, 주기적으로 코드 품질을 향상하는 작업을 해야 한다. 두 방법 모두 장단점이 있는데, 코드를 매번 구현할 때마다 품질을 고려하면 구현 속도가 느려질 수 있다. 장기/대형 프로젝트의 경우, 코드 품질을 꾸준하게 관리하는 것이 결과적으로는 이익이 되는 상황도 많으나, 단기/소형 프로젝트의 경우 단시간에 끝날 업무를 너무 길게 만들 수 있다. 주기적으로 코드 품질을 향상하는 방법은 밀려드는 업무로 인해 시간 투자가 어려울 때가 많다. 물론 사전에 프로젝트의 범위에 품질 향상을 고려한다면 괜찮으나, 기능 구현의 완성을 목표로 일정을 수립한다면 품질에 신경 쓸 시간이 없게 된다.

그런데 만약 큰 공수나 시간을 들이지 않고 코드 품질 관리가 가능하다면 이런 고민이 필요 없을 수 있다. 코드를 구현할 때 쉽게 품질 검사 및 수정을 하고 꾸준히 품질을 유지하면, 구현 속도도 크게 느려지지 않고 추가적인 품질 향상 작업도 필요하지 않을 것이다. 이를 위해 우리는 인공지능을 활용해 볼 수 있다.

규칙 기반의 코드 검수

앞선 목적을 달성하기 위해 과거부터 다양한 방법들이 시도되고 있다. 쉽고 빠르게 적용할 수 있는 방법의 하나로는 규칙 기반의 코드 포매터(code formatter)를 이용할 수 있다. 대표적으로 파이선에서 사용할 수 있는 블랙(black)과 아이소트(isort)가 있다. 이들은 사전에 정의되어 있는 규칙에 따라서 코드를 검사하고, 규칙에 어긋나는 부분은 자동으로 수정해 준다. 예를 들어, 함수를 선언할 때, 함수와 매개 변수를 선언하는 코드의 구조와 들여쓰기 등을 자동으로 수정하여, 가독성이 좋게 바꾸는 식이다. 방식이 단순하기 때문에, 시간이 오래 걸리지 않는다. 이 단순한 방식으로 꾸준히 코드를 관리하는 것만으로도 코드 품질 관리에 큰 도움이 된다.

그러나 코드의 품질은 단순히 가독성만으로 정의되는 것이 아니다. 『이펙티브 디버깅』(2017)과 『뷰티풀 아키텍처』(2010)로 유명한 디오미디스 스피넬리스(Diomidis Spinellis)는 그의 저서 『코드 품질: 오픈 소스 관점(Code Quality: The Open Source Perspective)』에서 코드 품질을 여섯 가지 대분류로 나누었다. 각각 기능성(functionality), 신뢰성(reliability), 사용성(usability), 효율성(efficiency), 유지 보수성(maintainability), 이식성(portability)이다(Spinellis, 2006). 가독성은 이 중 사용성과 유지 보수성의 일부에 해당한다. 따라서 제대로 된 코드 품질 향상을 하고자 한다면 더 많은 변화가 필요하다. 이런 복잡한 코드 품질 향상 작업을 수행하기 위해서, 우리는 생성형 인공지능을 활용할 수 있다.

생성형 AI 활용 코드 품질 향상

대형 언어 모델을 활용하는 생성형 인공지능의 언어 및 코드 이해 능력과 언어 생성 능력으로 다양한 방식으로 코드 품질 향상에 도움을 받을 수 있다. 특히나 입출력이 자유로운 자연어 형식인 만큼, 활용 방식은 무궁무진하다. 따라서 이 책에서는 생성형 인공지능을 활용하는 몇 가지 예시 방법들과 성과들을 위주로 소개하고자 한다.

첫 번째로, 코드의 리팩터링에 활용할 수 있다. 다양한 역할을 수행하는 코드를 작성하다 보면 코드가 길어질 수 있다. 특히나 함수를 작성할 때, 함수 내부에 너무 많은 코드와 논리 연산을 담으면 함수의 이해성이 떨어진다. 또한, 함수 내부의 논리 연산을 외부에서 사용하기 어려워 코드의 재사용성이 떨어질 수 있다. 이 문제를 해결하기 위해 메소드 추출(Extract Method) 방법으로 코드를 리팩터링할 수 있다(Fowler, 2018). 이 방법은 코드의 일부를 별도의 메소드로 분리하는 방법이다.

최근 한 연구에서는 대형 언어 모델을 활용한 메소드 추출 방법의 리팩터링 성능을 측정하고 프롬프트 엔지니어링을 통해 개선하였다. 연구 결과, 77.7% 이상의 응답자가 생성된 결과가 유용하다고 답했고, 94.4%의 응답자가 생성된 메소드의 이름에 만족했다(Pomian et al., 2024). 이는 적절한 프롬프트 엔지니어링을 가미한다면, 생성형 인공지능을 활용한 유의미한 리팩터링이 가능함을 보여 준다.

코드의 리팩터링뿐만 아니라 문서화에도 생성형 인공지능을 활용할 수 있다. 소프트웨어 개발 과정에서 다양한 종류의 문서를 작성하지만, 여기서는 소스 코드 문서(source code document)를 다뤄 보고자 한다. 소스 코드 문서는 코드의 이해를 돕기 위해서 소스 코드 내에 작성된 문서를 말한다(Rai et al., 2022). 잘 작성된 소스 코드 문서는 차후 다른 사람이 해당 코드를 이해하거나, 개발한 지 오래된 코드를 이해해야 하는 상황에서 도움이 된다. 특히 대형 프로젝트에서 코드를 유지 보수할 때, 코드의 역할과 입출력을 쉽게 파악할 수 있도록 도와준다. 소프트웨어 개발 전문가들을 대상으로 한 연구에 따르면, 개발자들이 프로그램의 이해에 소모하는 시간이 전체 개발 시간의 57.62%로, 코드를 찾는 시간(23.96%), 수정하는 시간(5.02%) 및 그 외 작업에 소모하는 시간(13.40%)에 비해 압도적으로 많았다(Xia et al., 2017). 즉, 소스 코드 문서를 잘 작성하여 코드 이해에 소모하는 시간을 줄이면, 소프트웨어 개발 속도를 크게 높일 수 있다.

대형 언어 모델을 활용하여 소스 코드 문서를 생성하는

연구도 지속적으로 이루어지고 있다. 초기 연구에서는 기존의 딥러닝 방법론들과 이중 언어 평가 연구(BLEU, Bilingual Evaluation Understudy) 점수로 비교한 결과, 대형 언어 모델이 평균 20.63점으로 기존 방법론 중 최고 점수인 평균 18.55점보다 높은 점수를 기록했다(Khan & Uddin, 2022). 최근 연구에서는 다양한 대형 언어 모델이 생성한 소스 코드 문서와 원본 문서를 정확성(accuracy), 완전성(completeness), 관련성(relevance), 이해성(understandability), 가독성(readability) 및 소요 시간(time taken) 측면에서 평가했다. 그 결과, 소요 시간을 제외한 모든 항목에서 대형 언어 모델이 생성한 문서가 원본 문서와 비슷하거나 더 높은 점수를 기록하였다(Dvivedi et al., 2023). 생성형 인공지능의 소스 코드 문서 생성 능력이 충분히 발전하여 실무에 활용할 수 있는 수준이 된 것이다.

앞서 소개한 리팩터링과 문서화의 예시 외에도 다양한 방면에서 생성형 인공지능을 활용하여 코드 품질을 향상할 수 있다. 함수나 변수의 설명을 제공하여 이름을 추천받거나, 코드 전반에 대한 설명을 담은 리드미(readme) 문서를 작성할 수도 있다(Koreeda et al., 2023). 더 나아가 소프트웨어 아키텍처 변경에 대한 제안을 요청할 수도 있다. 특히나 코드의 복잡도가 높아지면 유지 보수에 더 많은 시간이 소모되고, 디버깅이 어려워지며, 오류가 발생하는 가능성이 늘어나는 등 다양한 부작용을 낳을 수 있기 때문에, 이를 해소하는 것이 중요하다(슈어소프트, 2016). 이처럼 다양한 방법으로 코드 품질 향상에 도움을 받으면, 큰 시간이나 노력을 들이지 않고도 높은 품질을 유지하며 개발할 수 있다.

코드 리뷰 자동화

코드 품질을 높게 유지하는 방법의 하나로 코드 리뷰가 있다. '코드 리뷰'는 코드를 검사하여 문제를 식별하고 소프트웨어 품질을 개선하기 위한 동료 평가 과정이다(MathWorks). 한 개발자가 작성한 코드를 다른 동료가 검토하면서, 작성 당시 놓쳤거나 간과했던 코드 품질 저하 요인들을 발견하고 보고함으로써 코드 품질을 향상한다. 이러한 과정은 코드의 품질을 개선할 뿐만 아니라, 리뷰를 받은 개발자가 놓쳤던 문제를 인지하여 이후에 같은 실수를 피할 수 있도록 돕는다. 또한, 리뷰를 한 개발자는 제삼자의 시선에서 코드를 검토하는 경험을 통해, 앞으로 코드를 작성할 때 더 신중하게 품질을 고려하게 된다.

코드 리뷰의 중요성과 효용성은 이미 널리 알려져 있으며, 다양한 조직에서 널리 활용되고 있다. 분산 버전 관리 및 협업을 지원하는 깃허브에서도 한 저장소(repository)에서 작업하는 동료들이 서로의 코드를 리뷰하고, 고품질의 코드만을 반영할 수 있도록 하는 기능을 제공한다. 더불어 구글은 자세한 코드 리뷰 방법을 문서화하여 제공하고 있으니 참고해 보면 도움이 될 것이다(Google).

이처럼 주위의 동료에게 코드 리뷰를 받을 수도 있으나, 도움받을 동료가 없거나 혹은 동료에게 요청하기 전 간단하게 검토해 보기 위해서 인공지능을 활용할 수 있다. 가장 간단한 방법으로는 앞서 설명한 다양한 코드 품질 향상 방법을 활용하여, 생성형 인공지능에 현재 코드에 대한 평가와 수정을 요청하는 것이다. 리팩토링, 문서화, 변수명 추천, 리드미 작성 등 품질 향상을 위한 다양한 요소들을 요청할 수 있고, 그 외에 다른 요소가 있을지를 검토받을 수도 있다.

나아가, 인공지능을 활용하여 코드 리뷰를 자동화하는 것도 가능하다. 최근 한 프로젝트에서는 깃허브의 코드 리뷰 시스템과 생성형 인공지능을 결합하여 코드 리뷰 자동화 프로그램을 개발하였다. 이 프로그램을 사용하면, 깃허브 웹페이지에서 풀 리퀘스트(Pull Request) —소스 코드의 변경 사항을 저장소에 반영하도록 요청하는 것—를 생성하기만 해도 생성형 인공지능이 코드 리뷰를 작성해 준다. 사용자는 이를 참고하여 필요한 부분을 수정함으로써 손쉽게 코드 품질을 향상할 수 있다. 이러한 자동화를 적용한다면 코드 품질 유지가 훨씬 수월해질 것이다.

참고문헌

슈어소프트(2016.9.12). STATIC"을 이용한 정적 분석 - 순환 복잡도(Cyclomatic Complexity) 측정. https://blog.naver.com/suresofttech/220811189835

MathWorks. 코드 리뷰란?. https://kr.mathworks.com/discovery/code-review.html

Brown, N., et al.(2010). Managing technical debt in software-reliant systems. In Proceedings of the FSE/SDP workshop on Future of software engineering research. pp. 47-52.

Crosley, T. isort. https://pycqa.github.io/isort/

Cunningham, W.(1992). OOPSLA Experience Report: The WyCash Portfolio Management System. Retrieved April, 11, 2022.

Dvivedi, S. S., et al.(2023). A comparative analysis of large language models for code documentation generation. arXiv preprint arXiv:2312.10349.

Fowler, M.(2018). Refactoring: improving the design of existing code. Addison-Wesley Professional.

Google. Google's Code Review Guidelines. https://google.github.io/eng-practices/review/

Khan, J. Y., & Uddin, G.(2022.10). Automatic code documentation generation using gpt-3. In Proceedings of the 37th IEEE/ACM International Conference on Automated Software Engineering pp. 1-6.

Koreeda, Y., et al.(2023.10). LARCH: Large Language Model-based Automatic Readme Creation with Heuristics. In Proceedings of the 32nd ACM International Conference on Information and Knowledge Management. pp. 5066-5070.

Langa, Ł.(2018). The uncompromising code formatter. Black 24.4.2 documentation, https://black.readthedocs.io/en/stable/

mattzcarey(2024.7.27). Code Review GPT. https://github.com/mattzcarey/code-review-gpt

Pomian, D., et al.(2024). EM-Assist: Safe Automated ExtractMethod Refactoring with LLMs. arXiv preprint arXiv:2405.20551.

Rai, S., Belwal, R. C., & Gupta, A.(2022). A review on source code documentation. *ACM Transactions on Intelligent Systems and Technology (TIST), 13*(5), pp.1-44.

Spinellis, D.(2006). Code quality: the open source perspective. Adobe Press.

Xia, X., et al.(2017). Measuring program comprehension: A large-scale field study with professionals. *IEEE Transactions on Software Engineering, 44*(10), pp.951-976.

06
지능형 테스트

소프트웨어 개발에서 테스트는 오류를 최소화하고 안정성을 확보하는 데 필수적인 과정이다. 그러나 테스트 작성과 실행에는 많은 시간과 노력이 소모된다. 이러한 문제를 해결하기 위해 AI 기술을 활용한 지능형 테스트가 도입되고 있다. AI 기술은 개발자들이 더욱 효율적으로 작업할 수 있도록 도와준다. 특히, 인공지능을 테스트 주도 개발 방법론과 결합하면 효율성을 크게 향상할 수 있을 것이다.

AI와 야구?

단위 테스트와 테스트 주도 개발

인공지능이 작성한 코드를 평가하기 방법의 하나로 단위 테스트가 사용되곤 하는데, 이는 원래 사람이 프로그램을 개발할 때 정확하게 개발하였는지 검증하기 위한 방법이다. 단위 테스트란 "코드를 '단위'로 분리하여 실행하고, 실제 결과와 예상 결과를 비교하는 것"을 의미한다(Olan, 2003). 즉, 코드를 구성하는 개별 요소들이 각각 의도한 대로 동작하는지 확인하는 작업이다.

단위 테스트를 제대로 작성하면 다양한 장점을 얻을 수 있다. 첫째, 코드 내 문제점을 찾기 쉽다. 개별 모듈의 동작을 검증하는 방식이기 때문에 문제가 발생해도 어떤 모듈에서 발생하였는지를 쉽게 파악하여 수정할 수 있다. 둘째, 코드의 변경이 용이하다. 코드가 변경되더라도 단위 테스트를 통과하는지 여부로 코드의 동작을 쉽게 검증할 수 있기 때문이다. 따라서 리팩터링 작업을 진행할 때도 큰 도움이 된다. 셋째, 코드의 불확실성을 줄여 준다. 개별 모듈들이 정상 작동하는 것을 검증함으로써 모듈들 동작의 불확실성도 줄어들고, 모듈들을 결합해 가며 테스트하는 통합 테스트(integration test)도 훨씬 쉽게 진행할 수 있다.

테스트 주도 개발(Test Driven Development)은 단위

테스트의 장점을 적극적으로 활용하는 개발 방식이다. 우선, 구현하고자 하는 기능이 개별 시나리오에 대해서 어떻게 작동해야 하는지를 나열한다. 예를 들어, 모든 입력이 완벽한 경우에 어떻게 동작하는지, 일부 입력이 없거나 데이터가 없을 때 어떻게 동작하는지, 아무것도 주어지지 않았을 때는 어떻게 동작할지 등을 상상하여 나열한다. 이후, 나열한 시나리오를 단위 테스트로 작성한다. 만약 사전에 구현된 코드가 있다면, 이때 테스트를 실행하여, 그 결과 '예상대로' 실패하는 것을 확인할 수 있다. 이제 새롭게 작성한 테스트에 대해서 의도한 대로 동작하는 '최소한의' 코드를 작성한다. 이러한 과정을 반복하면서 모든 시나리오에 대해서 의도한 대로 동작하는 코드를 얻을 수 있다. 마지막으로 작성한 코드를 리팩터링 하여 구현을 완료한다.

테스트 주도 개발은 테스트를 기반으로 코드를 작성하기 때문에, 유닛 테스트의 장점들을 적극 활용한다. 더해서, 코드에 대한 포괄적인 테스트를 함께 구현할 수 있으며, 전체 시스템의 안정성도 높아진다. 그러나 동시에 테스트를 지속적으로 구현해야 하므로, 코드의 양도 늘어나고, 구현 시간이 늘어나는 단점도 있다. 한 연구에 따르면, 테스트 주도 개발 방법을 활용할 경우, 일반적인 설계-개발-테스트 방법에 따라 개발한 경우와 대비하여 약 18% 더 많은 테스트 케이스–프로그램이 특정 요구 사항을 준수하는지 확인하기 위해 설계된 입력값, 실행 사전 조건, 예상 결과 및 사후 조건 등의 집합–를 통과하지만, 약 16% 더 많은 시간을 소모하는 것으로 나타났다(George & Williams, 2004). 즉, 테스트를 명확하게 구상하고, 설계하여, 구현하는 데 시간 소모를 피할 수 없는 것이다.

AI 기반 테스트 생성

테스트 작성에 소모되는 시간을 줄이기 위해 인공지능을 활용할 수 있다. 가장 단순한 형태로는 생성형 인공지능에 프로그램의 요구 사항과 몇 가지 테스트 케이스를 제공하여 해당 테스트를 수행하는 단위 테스트를 작성하도록 요청할 수 있다. 테스트 주도 개발 방법에서는 시나리오에 대한 단위 테스트를 생성함으로써 테스트 개발에 드는 시간을 줄이고, 이를 통해 생산성을 향상할 수 있다. 최근 한 연구에서는 대형 언어 모델 기반으로 생성한 단위 테스트의 부정확함과 테스트 범위의 부족함을 지적하며, 강화 학습을 활용한 모델을 제안하였다. 이렇게 생성된 테스트 코드의 약 84%가 실제 요구 사항에 부합하였으며, 약 80%의 코드를 테스트하는 것으로 나타났다(Takerngsaksiri et al., 2024). 즉, 완전히 정확한 테스트 코드를 작성하지는 못했지만, 개선을 통해 충분히 활용할 수 있는 테스트 코드를 작성한 것으로 보인다.

테스트의 코드를 생성하는 것뿐만 아니라, 테스트 케이스, 즉 테스트하고자 하는 시나리오도 설계해 볼 수 있다. 프로그램 또는 모듈의 요구 사항과 입출력 형식을 작성하여 이를 테스트하기 위한 테스트 케이스를 요청하거나, 더 나아가 테스트 케이스를 생성하는 코드를 요청할 수도 있다. 한 연구에서는 이처럼 테스트에 대한 입력을 생성하는 코드 등을 대형 언어 모델을 통해 생성하여 테스트 케이스를 만든 사례도 있다(Liu et al., 2024).

인공지능을 활용하여 테스트를 생성할 때, 한 가지 주의할 점이 있다면, 테스트의 정확성을 면밀히 검증해야 한다는 것이다. 이와 같이 생성된 테스트가 작성하는 코드가 의도된 대로 동작하는지를 판단하는 기준이 되는 만큼, 테스트에 오류가 있으면 코드 전체에 오류가 번질 가능성이 크다. 따라서 생성된 테스트가 요구 사항과 명확히 일치하는지를 검증하고, 그렇지 않다면 수정하는 작업이 필요하다. 이와 같이 현명하게 생성형 인공지능을 활용하여 테스트를 생성하고, 코드를 구현한다면, 테스트 주도 개발 또는 단위 테스트의 장점을 살리면서 동시에 높은 생산성으로 업무를 수행할 수 있을 것이다.

AI와 버그 예측

자신이 구현한 코드가 한 번에 모든 요구 사항을 충족하면서 잘 동작한다면 정말 좋겠지만, 실제로 그런 경우는 매우 드물다. 대부분의 경우 코드가 의도한 대로 동작하지 않거나 성능 요구사항 등을 충족하지 못하는데, 이를 발생시키는 주요 원인 중 하나가 버그(Bug)다. 소프트웨어 공학 분야에서 '버그'는 일반적으로 '컴퓨터 프로그램의 코딩 오류'를 뜻한다. 소프트웨어 개발 과정에서 버그는 피할 수 없는 문제다. 앞서 소개한 단위 테스트 코드를 이용해 이런 오류들을 발견하고 수정할 수 있다는 것은 사실이다. 그러나 테스트 코드 없이 간단히 버그를 예측하고 발견해 수정할 수 있다면, 시간을 더 절약할 수 있을 것이다.

코드의 버그를 예측하는 가장 간단하면서도 어려운 방법은 코드의 동작을 직접 머릿속에서 시뮬레이션해 보는 것이다. 어떠한 입력이 들어왔을 때, 구현된 알고리즘에 따라 어떤 연산이 이루어지고, 그 결과로 어떤 결과가 출력될지를 상상해 볼 수 있다. 실제로 간단한 프로그램에서는 이 과정을 통해 사소한 버그들을 발견하고 수정할 수 있으며, 이를 통해 더 효율적으로 업무를 수행할 수 있다. 그러나 코드가 복잡해지거나 연산해야 하는 양이 많아지는 경우에는 사람의 머리만으로는 시뮬레이션이 어렵다.

복잡한 프로그램에서의 버그 예측은 인공지능에 도움을 요청해 볼 수 있다. 특히 사전에 다량의 코드 데이터를 활용해 학습된 인공지능은 코드에 대한 이해도가 높아, 작성된 코드를 빠르게 분석하고 잠재적인 버그들을 예측해 개발자에게 알려 줄 수 있다. 챗지피티와 같은 생성형 인공지능 서비스들이 이러한 코드 데이터를 학습에 사용하고 있으며, 코드 관련 벤치마크에서 좋은 성능들을 보이는 만큼, 버그 예측에서도 유용하게 사용할 수 있다.

최근 카이스트 연구팀은 대형 언어 모델을 활용하여 버그의 위치를 예측하는 연구를 발표하였다(Kang et al.., 2024). 연구에서는 버그 위치 예측 시스템을 개발하고, 사용자 인터뷰를 통하여 시스템의 실제 사용성을 정량적으로 평가하였다. 인터뷰 결과 사용자는 81.2%의 경우에 예측된 버그 위치를 이용하여 버그를 수정하였다. 즉, 인공지능을 활용한 버그 위치 예측이 많은 경우 유용한 정보를 제공한다고 볼 수 있다. 이처럼 버그 예측에 인공지능을 활용한다면, 스스로 복잡한 시뮬레이션을 통해 버그를 찾지 않고도 빠르게 버그를 찾고 수정할 수 있을 것이다.

실행을 통한 버그 탐색도 사용할 수 있는 방법의 하나다. 이는 간이 단위 테스트 방법이라고도 볼 수 있다. 구체적으로, 작성한 코드에 대한 예시 입출력을 만들어 두고, 실제 코드를 실행해 예시 입력을 넣었을 때 정해진 출력이 나오는지 확인하는 방식이다. 이를 직접 구현하고 구동하여 확인해 볼 수도 있으나, 전 과정에 생성형 인공지능을 도입할 수도 있다. 생성형 인공지능을 이용해 작동 코드와 예시 입출력을 생성하고, 챗지피티에서 제공하는 코드 인터프리터(Code Interpreter) 기능-파이선 코드를 격리된 환경에서 구동해 주는 기능-을 활용한다면 개발 환경을 구성하지 않고도 코드를 실행해 버그를 확인할 수 있다.

테스트 자동화

개발한 소프트웨어에 대한 테스트를 자동화하는 것은 소프트웨어 개발 프로세스의 효율성과 품질을 높이는 중요한 방법이다. 앞서 소개한 다양한 테스트 방법들을 수동으로 수행해야 한다면, 개발자가 매번 테스트에 신경을 써 줘야 하며, 깜빡하고 테스트를 수행하지 않아 문제가 발생할 수도 있고, 테스트의 양이 늘어난다면 많은 시간을 허비할 수도 있다. 따라서 테스트 자동화를 통해 반복적인 작업에 드는 시간을 줄이고, 개발자가 개발에만 집중할 수 있도록 도와줄 수 있다.

테스트 자동화는 지속적 통합(Continuous Integration) 개발 프로세스－개발 주기 전반에서 신규 작성 코드를 빈번하게 통합하는 프로세스－와 함께할 때 빛을 발한다. 지속적 통합은 주기적 코드 통합을 통해 소프트웨어의 변경 점을 자주 점검하고, 통합에서 발생하는 문제들을 조기에 발견하여 수정할 수 있어, 많은 곳에서 사용하고 있는 프로세스다. 이때, 통합 과정에서 자동으로 테스트가 수행된다면, 통합에서 발생하는 버그나 문제점을 쉽고 빠르게 발견하고 수정할 수 있다.

이런 많은 장점 덕분에 테스트 자동화는 그 중요성과 용이성이 많은 개발자들 사이에서 인식되고 있으며, 많은 곳에서 활용되고 있다. 예를 들어, 구글은 소프트웨어 테스트 자동화 및 지속적 통합 파이프라인을 구축해 두고 있으며(Rachel Tannenbaum), 오픈소스 프로젝트인 vLLM 프로젝트(Kwon et al., 2023)에서는 50개 이상의 자동화된 테스트를 수행하고 있다.

테스트 자동화는 다양한 장점이 있지만, 단점도 있다. 주요 단점 두 가지는 초기 비용이 많이 들고 유지 보수가 필요하다는 점이다. 실제로 이 두 가지 단점으로 인해 테스트 자동화를 실현하는 것을 망설이거나 자동화된 테스트를 오히려 꺼리는 개발자들을 종종 만난다. 하지만 인공지능을 활용하면 이러한 단점을 일부 상쇄할 수 있다.

첫째, 초기 비용을 줄일 수 있다. 자동화된 테스트를 구축하기 위해서는 사전에 다양한 그리고 포괄적인 테스트를 구현해 놓는 것이 필요하다. 그러나 앞서 언급한 것처럼, 생성형 인공지능을 활용하여 단위 테스트 코드를 구축하는 것이 가능하다. 또한 깃허브와 같은 플랫폼에서는 테스트 자동화를 쉽게 구축할 수 있도록 도와주는 깃허브 액션(Github Action) 기능을 제공한다. 따라서 인공지능과 다양한 플랫폼의 서비스를 활용하면 테스트 자동화의 구축 비용을 줄일 수 있다.

둘째, 유지 보수 비용을 줄일 수 있다. 테스트 자동화를 잘 만들어 두더라도, 개발하는 소프트웨어가 업데이트됨에 따라서 지속적으로 테스트 또한 업데이트되어야 한다. 새로운 기능에 대한 테스트가 새롭게 구현되어야 하며, 기존 테스트 중 통합으로 인해 버그가 발생한 테스트를 수정해 주어야 하는 것이다. 그러나 이것도 인공지능의 도움을 받을 수 있다. 앞서 소개한 테스트 구현뿐만 아니라 버그 예측 기술들을 활용하면, 새로운 기능이 개발되더라도 쉽게 자동화된 테스트를 유지 보수할 수 있을 것이다.

소프트웨어 개발에 있어서 테스트는 필수 불가결한 요소다. 모든 소프트웨어는 테스트를 거쳐 완성된다고 해도 과언이 아니다. 과거에는 이러한 테스트를 구축하기 위해서 많은 개발자들이 시간과 노력을 들여 환경을 구축했지만, 최근에는 생성형 인공지능의 도움을 받아 더 쉽고 빠르게 테스트를 구축할 수 있게 되었다. 이렇게 만든 테스트를 자동화함으로써 더 효율적이고 효과적으로 개발을 수행할 수 있게 되었다.

참고문헌

Beck, K. (2003). Test-driven development: by example. Addison-Wesley Professional.

George, B., & Williams, L.(2004). A structured experiment of test-driven development. *Information and software Technology, 46*(5), pp.337-342.

Kang, S., et al.(2024). A quantitative and qualitative evaluation of

LLM-based explainable fault localization.Proceedings of the ACM on Software Engineering,1(FSE), 1424-1446.

Kwon, W., et al.(2023). Easy, fast, and cheap LLM serving for everyone. Github, https://github.com/vllm-project/vllm

Liu, K., et al.(2024). LLM-Powered Test Case Generation for Detecting Tricky Bugs. arXiv preprint arXiv:2404.10304.

Olan, M.(2003). Unit testing: test early, test often. *Journal of Computing Sciences in Colleges, 19*(2), 319-328.

Rachel Tannenbaum. Continuous Integration. Abseil, https://abseil.io/resources/swe-book/html/ch23.html

Takerngsaksiri, W., et al.(2024). TDD Without Tears: Towards Test Case Generation from Requirements through Deep Reinforcement Learning. arXiv preprint arXiv:2401.07576.

07
AI와 보안

AI 기술은 코드 생성과 보안 관리에 이르기까지 많은 영역에서 중요한 역할을 하고 있다. 그러나 AI의 활용이 증가함에 따라 새로운 보안 위협도 부각되고 있다. 특히 AI가 생성한 코드와 이를 통한 정보 처리 과정에서 발생할 수 있는 보안 문제는 심각한 영향을 미칠 수 있다. 이러한 상황에서 우리는 AI와 함께 발전하는 기술 환경 속에서 보안 문제를 어떻게 극복할 수 있을지 모색해야 한다.

AI와 운동주?

AI 활용과 보안 위협

2022년 11월 오픈에이아이사의 챗지피티 서비스가 출시되고 놀랄 만한 결과들을 보여 주며, 생성형 인공지능을 업무에 활용하려는 시도들이 급증했다. 그리고 2023년 3월 국내 모 대기업에서 기업 내부 정보가 챗지피티를 통해 노출되는 사건이 발생한다. 특히 챗지피티의 경우, 서비스 이용 기록이 데이터로 저장되어 인공지능 학습에 사용되기 때문에, 한 번 노출된 기밀 정보가 재확산될 가능성이 크다. 이 사건 이후에, 인공지능 활용의 보안 위협에 대해 많은 사람이 인지하게 되었다. 생성형 인공지능 활용 시 보안 위협은 항상 있기 때문에, 이를 사전에 방지하는 것이 필요하다.

생성형 인공지능 활용에서의 보안 위협이 대두되면서, 이를 다루기 위한 다양한 연구가 활발히 진행되고 있다. 최근 한 연구에서는 챗지피티를 활용할 때 발생할 수 있는 보안 위협을 다각도에서 분석하였다(Wu et al. 2024). 이 연구에서 특히 주목할 만한 결과는 다음과 같다. 첫째, 특정한 방법을 사용하면 한 세션(session)에서 올린 파일을 다른 세션에서도 접근할 수 있었다. 둘째, 웹 플러그인(Web Plugin)을 활용하여 사용자의 대화 기록을 탈취하는 것이 가능했다. 즉, 검증되지 않은 방식으로 생성형 인공지능을 활용할 경우, 사용된 데이터나 대화 기록이 유출될 가능성이 크다는 것이다. 특히나 기업 등에서 보안에 민감한 데이터를 다룰 때 이 위협은 더 크게 다가온다.

따라서 공개된 생성형 인공지능 서비스를 활용할 때는 보안 위협이 없는 데이터를 사용하는 것이 중요하다. 만일 보안 위협이 있는 데이터를 반드시 사용해야 하는 상황이라면, 개인정보 마스킹(personal identity information masking) 등의 조치를 통해 보안 위협이 없는 형태로 가공하여 사용해야 한다. 또한, 보안 위협이 없는 검증된 방식과 보조 도구들을 활용하는 것이 중요하다.

AI 윤리

인공지능을 활용하는 데 발생할 수 있는 다양한 보안 위협들이 발견되고, 연구됨에 따라서 동시에 이러한 보안 위협의 윤리적인 측면들에도 관심이 나날이 커지고 있다. 관련한 한 연구에서는 대형 언어 모델의 보안 위협을 윤리적인 측면에서 분석하고, 다섯 가지 윤리적 우려 점을 제시하였다(Kumar et al. 2024). 각각은 허위 정보와 사회적 영향(Misinformation and Societal Implications),

학습 데이터로 인한 신원 도용(Identity Theft from Training Data), 편향 증폭(Bias Amplification), 경제적 여파(Economic Repercussions), 그리고 사생활 문제(Privacy Challenges)다. 기업에서 인공지능을 활용할 경우, 이러한 윤리적 우려는 잠재적 위협으로 작용할 수 있다. 따라서 우려점들을 한 번쯤 고민해 보고, 위협이라 판단된다면 사전에 방지할 방법을 찾아내는 것이 필요하다.

첫째, 대형 언어 모델은 허위 정보를 생산할 수 있고, 이는 우리 사회에 좋지 않은 영향을 미칠 수 있다. 우리 사회는 이미 무차별적으로 양산되는 가짜 뉴스로 인해 고통받고 있다(한국NGO신문 기획취재팀, 2023). 일반인, 정치인, 유명인 등 가리지 않고 많은 사람들이 가짜 뉴스로 인해 피해를 보고 있으며, 이는 법적 분쟁으로까지 번지고 있다. 이러한 사회에서 대형 언어 모델이 그 한계점으로 인해 허위 정보를 생산하고, 많은 사람들이 이를 신뢰하여 전파하게 된다면 가짜 뉴스로 인한 문제가 더욱 심각해질 수 있다. 특히나 정보 생산자가 사람이 아닌 인공지능인 만큼 가짜 뉴스에 대한 책임의 소재마저도 명확하지 않다. 이에 챗지피티와 같은 서비스는 'ChatGPT는 실수를 할 수 있습니다. 중요한 정보를 확인하세요'와 같은 메시지로 사용자에게 주의를 주기도 한다.

둘째, 대형 언어 모델 학습에 사용된 데이터에서 개인정보 도용 문제가 발생할 수 있다. 대형 언어 모델을 학습할 때 사용된 데이터에 온라인상에 실수로 혹은 누군가 고의로 퍼트린 개인정보가 포함될 수 있다. 대형 언어 모델 학습에 이를 활용하고, 차후 사용자에게 이러한 개인정보를 생성하여 보여 주게 됨으로써 개인정보 도용 문제가 발생할 수 있다. 따라서 학습 데이터를 구축할 때도, 사용자에게 결과를 보여 줄 때에도 개인정보 마스킹 등을 통해 개인정보 유출을 막기 위한 노력이 필요하다.

셋째, 편향 증폭 문제가 발생할 수 있다. 구체적으로, 학습 데이터에 편향된 정보가 담겨 있거나, 사용자가 프롬프트를 통해 편향된 정보를 요청함으로써 대형 언어 모델이 편향된 결과를 생성할 수 있고, 이는 결과적으로 사용자의 편향을 증폭할 수 있다. 특히나 사용자가 편향에 대해서 인지하지 못하는 경우라면, 증폭 문제가 더 심각해질 수 있다. 사용자가 자신이 사용하는 대형 언어 모델이 편향된 결과를 생성한다는 것을 인지하지 못하거나, 프롬프트에 편향된 정보나 요청이 담겨 있는 것을 인지하지 못한 상태에서 편향된 결과를 마치 정상적인 결과인 것처럼 받아들이게 됨으로써 편향이 크게 증폭되는 것이다. 이러한 상호 작용이 반복될수록 편향이 더욱 심화할 수 있다. 따라서 대형 언어 모델의 학습 데이터를 구축할 때도, 대형 언어 모델에 요청할 프롬프트를 구성할 때도 편향 여부를 유심히 점검할 필요가 있다.

넷째, 대형 언어 모델에 대한 조작이 경제적 여파를 미칠 수 있다. 대형 언어 모델은 이미 주요한 산업에서 다양한 방식으로 활용되고 있다. 이러한 상황에서 대형 언어 모델 제공자가 자신의 모델에 조작을 가하였을 때, 대형 언어 모델의 생성 결과가 달라짐으로 인해서 경제적으로도 커다란 여파를 만들 수 있다는 것이다. 특히나 챗지피티나 제미나이와 같은 많은 분야 및 산업에서 활용되는 서비스라면 이러한 위협은 크게 다가온다. 이러한 위협으로 인해 시스템에 대한 공공 신뢰성과 사회적 가치가 훼손될 수 있으므로 주의가 필요하다.

마지막으로 개인의 사생활과 관련된 다양한 문제들에 대한 우려다. 인공지능을 활용하여 특정 인물의 얼굴을 다른 사람의 얼굴에 합성하는 기술인 딥페이크(Deepfake) 기술은 연구 개발된 초기부터 지금까지 꾸준히 사생활 문제를 불러일으키고 있다(김다소미, 2024). 최근 다양한 이미지 생성 기술들이 연구 개발되면서, 실제 사진과 구분하기 어려운 이미지도 생산할 수 있게 되었다. 이때 생성되는 이미지들이 사용자가 의도하였든 의도하지 않았든 실존 인물과 매우 유사할 수 있고, 이는 결과적으로 사생활 문제로 번질 수 있다. 따라서 인공지능이 생산하는 결과물에 대한 주의는 항상 필요하다.

이처럼 인공지능의 보안 및 윤리 문제는 실존하며, 사회에 심각한 문제를 초래할 수도 있다. 따라서 인공지능을 개발하고, 사용하면서 항상 주의가 필요하다. 개발자들의 경우에도, 개발하는 코드가 많은 사람이 쉽게 접하는 서비스로 발전할 수 있는 만큼 주의하여 인공지능을 사용할 필요가 있다.

AI 생성 코드의 보안

특히 개발자가 인공지능을 활용할 때 주의할 점은 인공지능이 생성한 코드의 안전성을 검수하는 것이다. 인공지능이 생성한 코드의 보안성을 연구한 한 논문에서는 인공지능이 생성한 코드를 활용하는 것이 사람이 직접 개발하는 것보다 보안 측면에서 더 취약한 코드를 생성한다는 것을 밝혔다(Perry et al., 2023). 특히 흥미로운 점은, 설문 조사 결과 생성형 인공지능을 활용한 사람이 그렇지 않은 사람보다 더 자주 자신의 코드가 보안성이 높다고 평가했다는 것이다. 즉, 생성형 인공지능을 활용할 경우, 보안에 취약한 코드를 만들면서 동시에 보안성이 높다고 믿는다는 것이다.

인공지능을 통해 생성한 코드는 보안 취약점 외에도 코드가 시스템을 공격하는 상황이 발생할 수도 있다. 개발자가 직접 코드를 구현하는 경우에는 대부분 시스템을 사전에 인지하고 있기 때문에, 이에 대한 공격을 스스로 구현하는 일은 잘 발생하지 않는다. 하지만 인공지능은 코드가 구동될 시스템을 잘 알지 못하기 때문에 의도하지 않더라도 시스템에 공격이 가해질 수 있는 코드를 구현할 수 있다. 특히 검증되지 않은 인공지능을 사용할 경우, 의도적으로 시스템을 공격할 수 있는 코드를 생성하도록 학습시킨 모델을 활용할 가능성도 있으므로, 심각한 보안 위협이 될 수 있다.

이러한 보안 위협은 기업 등에서 프로젝트를 진행할 때 더욱 문제가 된다. 직접 개발한 제품이나 서비스에 보안 위협이 있는 경우, 회사에 치명적인 손해를 야기할 수 있기 때문이다. 이에 많은 기업들은 이를 방지하기 위한 보안 담당자를 고용하거나 보안 관리 프로세스를 수립하기도 하는데, 이로 인한 비용도 만만치 않다. 보안 관리자의 업무가 증가할 뿐만 아니라, 개발자들도 보안 문제 해결을 위해 코드 수정 혹은 파기 등의 절차를 직접 수행해야 하기 때문이다. 따라서 개발자들은 불필요한 비용 감소 및 효율적 업무를 위해서라도 주기적으로 보안 검토를 해야 한다. 특히 인공지능을 활용할 경우에는 더더욱 작성한 코드의 보안성에 대해서 주의 깊게 점검할 필요가 있다.

코드 보안을 검수하는 방법의 하나로 인공지능을 활용하는 방안도 있다. 한 연구에서는 대형 언어 모델을 활용하여 코드의 보안 취약점을 수정하는 방법론 연구도 진행되었다(Berabi et al., 2024). 코드를 수정하는 방법 외에도, 코드를 작성하면서 실시간으로 보안 측면으로 조언을 받거나, 작성 완료된 코드에 대해서 보안 취약점 분석을 요청하거나, 코드의 보안 취약성을 검사하기 위한 시뮬레이션 작성을 요청할 수도 있다.

최근에는 코드의 보안 위험성을 검증하기 위한 다양한 데이터와 벤치마크도 연구되고 있다. 한 연구에서는 코드의 결함 감지(defect detection)를 위한 인공지능을 개발하고, 관련한 데이터세트를 공개하기도 하였다(Zhou et al., 2019). 연구 결과에 따르면 인공지능을 활용하여 연구자들은 최대 81%의 정확도로 결함을 감지할 수 있었는데, 5년 전에 진행된 연구임에도 높은 정확도를 보였다. 따라서 최근에 연구 개발된 다양한 인공지능들을 활용할 경우, 이보다 더 높은 성능으로 개발한 코드의 결함을 탐지할 수 있을 것으로 보인다.

물론 생성형 인공지능을 활용하여 다양한 보안 위협을 탐지하고 예방하는 데 도움을 받을 수 있다. 하지만 여전히 생성형 인공지능의 한계로 인해 정확하지 않은 답변을 생성할 가능성이 존재한다. 보안 분야의 특성상, 작은 실수나 취약점도 큰 손해를 야기할 수 있다. 따라서 인공지능에 보안과 관련된 도움을 받는 경우라면 특히나 답변을 맹신하지 않고 주의하여 살펴보는 자세가 필요하다. 충분한 주의를 기울이면, 인공지능의 도움을 통해 보안 취약점을 찾아내고 개선 방안을 모색하는 등 유용한 도움을 받을 수 있을 것이다.

참고문헌

김다소미(2024.8.8). 유명인 얼굴 딥페이크로 불법 도박사이트 홍보·운영한 일당 검거. 디트NEWS24, https://www.dtnews24.com/news/articleView.html?idxno=776636

정두용(2023.3.30). [단독] 우려가 현실로…삼성전자, 챗GPT 빗장 풀자마자 '오남용' 속출. 이코노미스트, https://economist.co.kr/article/view/ecn202303300057?s=31

한국NGO신문 기획취재팀(2023.9.11). “가짜뉴스 무차별 생산, 유포에 피해사례 속출…피해자 고통만 가중”. 한국NGO신문, https://www.ngonews.kr/news/articleView.html?idxno=144060

Berabi, B., et al.(2024). Deepcode AI fix: Fixing security vulnerabilities with large language models. arXiv preprint arXiv:2402.13291.

Kumar, A., et al.(2024). The ethics of interaction: Mitigating security threats in llms.arXiv preprint arXiv:2401.12273.

Perry, N., et al.(2023). Do users write more insecure code with AI assistants?. In Proceedings of the 2023 ACM SIGSAC Conference on Computer and Communications Security. pp. 2785-2799.

Wu, F., et al.(2024). A new era in llm security: Exploring security concerns in real-world llm-based systems. arXiv preprint arXiv:2402.18649.

Zhou, Y., et al.(2019). Devign: Effective vulnerability identification by learning comprehensive program semantics via graph neural networks. *Advances in Neural Information Processing systems, 32.*

08
제품으로서의 AI

AI는 단순한 기술을 넘어, 문제 해결과 효율성 증대에 핵심적인 역할을 하고 있다. 이러한 상황에서 AI 제품을 개발하려는 기업과 개발자들은 다양한 고려 사항들을 철저히 검토해야 한다. 특히, AI의 활용처와 목적을 명확히 하고, AI 기술의 가능성과 한계를 정확히 파악하는 것이 중요하다. 제품으로서의 AI가 성공적으로 자리 잡기 위해서는 기술적, 물리적 한계를 이해하고 이를 극복하는 전략이 필요하다.

AI와 한의학?

AI 제품

인공지능 기술이 충분히 발전하여 몇몇 분야에서는 사람이 수행하는 것보다 더 나은 성과를 보인다. 이에 따라, 사람이 하는 일을 대체하거나 사람의 일을 돕는 인공지능 제품 및 서비스도 빠르게 개발되고 있다. 대표적으로 대형 언어 모델을 활용한 채팅 기반의 서비스가 있고, 그 외에도 영상 처리(Image processing), 자연어 처리(Natural language processing), 텍스트 이미지 변환(Text-to-Image), 음성 합성(Text-to-Speech), 음성 인식(Speech-to-Text) 등 다양한 분야에서 인공지능 제품 및 서비스가 출시되었다.

그에 따라, 인공지능 서비스를 잘 활용하는 사례들도 쉽게 찾아볼 수 있다. 유튜브(YouTube) 등의 영상 플랫폼을 통해 제공되는 온라인 뉴스를 보면 어렵지 않게 인공지능 아나운서를 찾아볼 수 있으며, 단순히 음성만 제공되는 것이 아닌, 마치 사람이 말하는 듯한 동영상까지 제공되는 경우도 있다. 문법 교정 서비스인 그래머리(Grammarly)도 최근에는 대형 언어 모델을 적용하여 기능을 확장해 나가고 있다. 많은 서비스에서 다양한 목적으로 인공지능이 사용되고 있다.

업무에서 인공지능 서비스를 접하는 일 또한 많아졌

다. 특히 과거에는 사람이 할 수밖에 없었던 반복적이고 소모적인 일들을 인공지능이 수행할 수 있음이 드러나고 있다. 예를 들어, 문서 인공지능(Document AI) 분야에서 정보 추출—주어진 문서에서 유의미한 정보를 자료화하는 작업—업무는 전통적으로 사람이 수행하던 업무였으나, 최근에는 인공지능을 통해 자동화하는 사례가 늘고 있다. 이처럼 인공지능을 적용하고자 하는 움직임이 늘어나고 있다. 따라서 단순히 인공지능을 잘 활용하는 것을 넘어서, 자신이 개발하는 제품에 인공지능을 잘 탑재하여 서비스화할 수 있는 역량이 중요해지고 있다.

AI 제품 설계

인공지능을 제품에 탑재하고자 하는 상황에서 다양하게 고려해야 할 사항들이 있다. 제품 관리 플랫폼인 프로드패드(ProdPad)에서는 총 8가지의 고려할 점을 꼽았는데(Simon Cast, 2023), 그중에서 개발자로서 주목해야 할 두 가지를 꼽자면 다음과 같다.

첫째, 활용처와 목적이 명확해야 한다. 인공지능을 이용하는 제품 혹은 기능에서 해결하고자 하는 문제가 무엇인지 명확히 해야 하며, 그 문제를 풀기 위해 인공지능이 꼭 필요한지를 고민해야 한다. 만약 문제가 아닌 기능을 제공하거나 인공지능이 필요 없는 기능을 제공한다면, 없느니만 못한 제품 혹은 아무도 사용하지 않는 제품이 될 수 있다. 따라서 왜 인공지능을 이용해 해당 제품이나 기능을 만들고자 하는지를 다른 무엇보다도 먼저 고민해야 한다.

둘째, 인공지능의 가능성과 한계를 파악하여, 기대하는 바를 명확히 해야 한다. 멀리서 보면 인공지능이 마치 어떤 문제이든 간에 정확히 풀어 줄 것처럼 보이지만, 실제로 사용해 보면 그 한계가 명확하다. 특히나 대형 언어 모델을 사용한다면 환각 문제 등의 한계로 제품화에 어려움을 겪을 수 있다. 따라서 인공지능이 무엇을 할 수 있고, 무엇은 할 수 없는지를 잘 파악하여, 인공지능에 어떤 일을 믿고 맡길 수 있는지를 잘 결정해야 한다.

인공지능의 기능적 한계뿐만 아니라, 물리적 한계도 충분히 고려해야 한다. 예를 들어, 인공지능을 통해 문제를 잘 해결하였지만, 한번 사용하는 데 너무나 많은 시간이 필요하여 사용자가 이용할 수 없는 수준이라면 제품화가 어려울 것이다. 혹은 구동에 너무 많은 그래픽처리장치(GPU, Graphics Processing Unit)가 필요하여 기업이 감당할 수 없는 정도라면 제품이 되지 못할 수 있다. 따라서 인공지능 제품을 개발하고자 한다면 문제와 한계를 잘 고려하여 제품을 설계하고 만들어야 할 것이다.

AI와 UX 디자인

인공지능을 활용하는 제품은 결과의 다양성과 자연스러움 때문에 과거의 소프트웨어 제품과는 다른 특징을 가진다. 따라서 제품을 개발할 때 이를 충분히 고려해야 한다. 특히 사용자 인터페이스(User Interface) 및 사용자 경험(User Experience) 설계에 깊은 고민이 필요하다.

기존 규칙에 따라 구동되던 소프트웨어와 달리 인공지능이 탑재된 소프트웨어는 그 결과가 정형화되지 않고 다양한 경우가 많다. 특히 생성형 인공지능을 이용하는 경우에는 결과의 다양성이 무궁무진하다. 따라서 다양한 결과를 효과적으로 사용자에게 제공하기 위해 사용자 인터페이스 설계가 중요하다. 예를 들어, 챗지피티나 제미나이 서비스의 경우, 사용자에게 채팅 형식의 인터페이스를 제공하여 텍스트 및 이미지 기반의 상호작용을 자연스럽게 설계하였다. 마이크로소프트사의 텍스트 기반의 이미지 생성 서비스인 코파일럿 디자이너(Copilot Designer)의 경우, 사용자의 텍스트를 입력받는 창과 이미지가 출력되는 창 두 가지로 단순하게 인터페이스를 구성하여 직관적으로 기능을 전달한다. 그 외에도 다양한 인공지능 서비스들이 각자의 기능과 목적에 따라 편리하고 접근성 좋은 인터페이스를 설계하고자 노력하고 있다.

사용자 경험에 대한 고려도 중요하다. 특히 인공지능 서비스는 그 한계로 정확하지 않거나 사용자가 원치 않은 결과를 종종 생성하곤 한다. 이러한 결과를 어떻게 처리할 것인지, 사용자에게는 어떻게 인지시킬 것인지를 잘 구성하여야 한다. 또한, 다양한 사용자 시나리오에 대응할 수 있는 인터페이스 설계도 중요하다. 예를 들어, 초보자와 전문가가 모두 쉽게 이해하고 사용할 수 있도록 다양한 난이도의 사용자 모드를 제공하거나, 잘못된 입력에 대해 유연하게 대응할 수 있는 디자인이 필요하다. 챗지피티 서비스는 'ChatGPT는 실수를 할 수 있습니다. 중요한 정보를 확인하세요.', 제미나이 서비스는 'Gemini가 인물 등에 관한 부정확한 정보를 표시할 수 있으므로 대답을 다시 한번 확인하세요'라는 문구를 통해 부정확한 정보에 대해 사용자에게 주의를 준다. 코파일럿 디자이너의 경우 폭력적이거나 성적인 표현이 포함된 이미지는 생성하지 않도록 차단하고 있다(Haider,

2024).

정확한 결과가 중요한 인공지능 제품이라면 사용자 인터페이스나 사용자 경험에 많은 주의를 기울일 필요가 있다. 사용자는 내부에서 인공지능이 활용되는지 활용되지 않는지보다도 결과의 정확성에 더 관심을 가지며, 정확하지 않은 결과의 빈도가 높아지면 높아질수록 사용자는 흥미와 관심을 잃게 될 것이다. 따라서 결과의 정확성을 높이는 것은 당연하고, 정확하지 않은 결과를 제공하더라도 사용자 인터페이스와 경험을 신중하게 설계해 사용자의 이탈을 방지해야 한다. 문법 교정 서비스인 그래머리의 경우, 문법 오류를 바로 수정하는 것이 아닌, 사용자에게 수정 적용 여부를 묻도록 제품을 설계하였다. 이에 따라 사용자는 가끔 발생하는 잘못된 수정을 크게 신경 쓰지 않고 넘어갈 수 있게 되었고, 좋은 사용자 경험을 남길 수 있었다.

이러한 설계는 설계 담당자만의 업무로 치부하기 어렵다. 설계 과정에서 다양한 한계와 문제에 봉착할 수 있고, 기술적 자문이 필요한 경우도 잦기 때문이다. 따라서 개발자로서도 이러한 설계 과정에 대해서 개략적으로 파악하고, 어떤 제품을 어떻게 개발할지를 함께 구상해 보아야 한다.

AI 제품 개발의 유의점

인공지능을 활용하는 제품에 대해서 효과적인 설계를 완료했다면 이제는 제품을 구현하여 실체화할 단계다. 제품에 인공지능을 활용하는 만큼, 단순한 소프트웨어 제품에서 필요한 고민에 더해 추가로 고려해야 할 사항이 있다. 인공지능의 한계와 특성을 고려해 소프트웨어를 개발하고 유지 보수해야 하기 때문이다.

첫째, 인공지능 제품의 자원 사용을 최적화해야 한다. 인공지능을 한 번 구동하기 위해 다량의 자원과 시간이 필요하다. 최근 대형 언어 모델이 폭발적으로 성장하면서 인공지능 모델의 크기도 따라서 계속해서 커지고 있다. 과거부터 현재까지 다양한 대형 언어 모델을 조사한 논문에 따르면, 지난 6년간 대형 언어 모델의 크기는 1만 6천 배 이상 늘었다(Minaee et al., 2024). 대형 언어 모델은 일반적으로 매개변수(parameter)의 수로 크기를 이야기하는데, 2018년 공개된 버트(BERT) 모델이 1억 1천만여 개의 매개변수로 구성된 데 반해, 2023년 공개된 지피티4의 경우 1조 7천6백만여 개의 매개변수로 구성되어 있다. 매개변수의 수가 공개되지 않은, 성능이 좋은 최신 모델들도 있는 만큼, 폭발적인 크기 변화라 할 수 있다. 이처럼 많은 매개변수로 연산을 수행하기 때문에, 인공지능을 직접 구동시킬 때 많은 양의 컴퓨팅 자원이 필요하며, 동시에 많은 시간이 소요된다. 이러한 자원 소모량은 시간이 지날수록 가중될 것으로 예측된다.

다수의 사용자가 인공지능을 활용할 경우, 다량의 자원과 시간이 소모되며, 일부 사용자는 제한된 자원량에 따라서 처리가 더욱 지연될 수 있다. 이는 결과적으로 사용자에게 부정적인 경험을 초래할 수 있다. 따라서 인공지능 제품을 개발할 때 소모되는 자원의 최적화를 충분히 고려해야 한다. 이는 직접 인공지능을 구동하지 않고, 상용 서비스를 활용하는 경우에도 크게 다르지 않다. 대부분의 상용 서비스는 한 번에 처리할 수 있는 요청의 양을 제한하고 있으며, 더 나아가 한 달간 사용할 수 있는 최대량을 제한하는 경우도 있다. 이러한 상황에서도 많은 사용자의 요청을 계획적으로 처리해야 한다.

자원 최적화를 위한 다양한 기술들도 개발되고 있다. 인공지능의 자원 소비량을 줄이기 위한 모델 양자화(quantization) 기술도 지속적으로 개발되고 있으며(Egashira et al., 2024), 대형 언어 모델의 연산 수행 시간을 줄이기 위한 기술도 개발되고 있다(Kwon et al., 2023). 그 외에도 비동기 처리(asynchronous processing)나 토큰 압축 방법론(Jiang et al., 2023) 등을 통해 시간과 자원 소비를 줄일 수 있다.

둘째, 지속적 업데이트가 필요하다. 인공지능 분야가 빠르게 발전하고 있는 만큼, 최신 모델들의 성능이 계속해서 개선되고, 과거에 개발된 모델이 빠르게 구식이 된다. 이러한 변화에 빠르게 적응하지 않으면, 최신 모델이나 서비스에 의해 높아진 사용자의 요구를 충족하지 못할 수 있다. 이렇게 되면 결국 사용자는 관심을 잃고 떠날 가능성이 크다. 따라서 인공지능을 직접 개발해 활용한다면, 지속적인 연구 개발을 통해 인공지능의 성능을 꾸준히 개선해야 하며, 타사의 인공지능 서비스를 활용하더라도 다양한 최신 인공지능 서비스의 성능을 꾸준히 추적하면서 좋은 모델을 선정하여 제품에 반영하여야 한다.

마지막으로, 데이터 보안에 유의하여야 한다. 많은 인공지능 서비스는 사용자의 사용 기록을 기반으로 추가적인 학습을 하고, 이를 통해 성능을 개선하는 방법을 많이 사용한다. 하지만 만약 개발한 제품이 민감한 정보를 다루는 경우라면, 이런 방식의 학습은 문제가 될 수 있으며, 법적 분쟁으로까지 이어질 수 있다. 따라서 사용자의 데이터에 대한 보안을 항상 유의하여야 한다. 구체적으로는 사용자의 기록을 학습에 사용할 경우, 이를 반드시 고지하고, 학습에 사용되는 기록에 개인정보가 포함되지 않도록 주의하며, 타사의 인공지능 서비스를 활용하는 경우 사용 기록이 학습 데이터에서 제외하는 기능을 활성화하는 등의 노력이 필요하다.

참고문헌

임희정(2024.3.25). '월 60만원 AI아나운서' 등장, 아나운서인 전 어떡하나요. 오마이뉴스, https://star.ohmynews.com/NWS_Web/OhmyStar/at_pg.aspx?CNTN_CD=A0003011466

Document AI. Google Cloud, https://cloud.google.com/document-ai

Egashira, K., et al.(2024). Exploiting LLM Quantization.arXiv preprint arXiv:2405.18137.

Haider, W.(2024.3.12). Microsoft blocks keywords in Copilot designer to stop generating violent, sexual AI images. Mashable Middle East, https://me.mashable.com/tech/39319/microsoft-blocks-keywords-in-copilot-designer-to-stop-generating-violent-sexual-ai-images

Introducing generative AI assistance. Grammarly, https://support.grammarly.com/hc/en-us/articles/14528857014285-Introducing-generative-AI-assistance

Jiang, H., et al.(2023.12). LLMLingua: Compressing Prompts for Accelerated Inference of Large Language Models. InProceedings of the 2023 Conference on Empirical Methods

in Natural Language Processing. pp. 13358-13376.
Kwon, W., et al.(2023.10). Efficient memory management for large language model serving with pagedattention. InProceedings of the 29th Symposium on Operating Systems Principles. pp. 611-626.
Minaee, S., et al.(2024). Large language models: A survey.arXiv preprint arXiv:2402.06196.
Simon Cast(2023.9.5). 8 Considerations When Building an AI Product, ProdPad, https://www.prodpad.com/blog/8-considerations-when-building-an-ai-product/

09

프롬프트 엔지니어로서 개발자

대형 언어 모델을 활용한 프롬프트 엔지니어링은 개발자들이 더 효율적이고 효과적으로 작업할 수 있도록 돕고 있다. 이는 단순한 코드 생성뿐만 아니라 알고리즘 최적화, 데이터 분석 등 다양한 분야에서 그 중요성이 커지고 있다. 각기 다른 상황에 맞는 적절한 프롬프트를 찾아 개선하는 과정을 통해, 개발자들은 대형 언어 모델을 최대한 활용할 수 있다.

AI와 화장품?

대형 언어 모델과 프롬프트

프롬프트란 생성형 인공지능으로부터 원하는 결과를 얻기 위해, 사용자가 제공하는 질문이나 입력을 말한다(GeeksForGeeks, 2023). 생성형 인공지능에 어떤 프롬프트를 어떤 방식으로 주는지에 따라서 생성되는 답변이나 결과가 달라질 수 있기 때문에, 프롬프트를 잘 작성하는 것은 모델 자체의 성능만큼이나 중요한 분야다. 이에 따라, 최근에는 프롬프트 엔지니어링이라는 독자적인 분야로서 다방면의 연구가 이루어지고 있다. 이러한 프롬프트 엔지니어링의 중요성은 대형 언어 모델을 활용한 생성형 인공지능에서도 크게 대두하였으며, 이에 따라 다양한 기술과 기법들이 개발되었다.

프롬프트 엔지니어링 분야의 한 조사 논문에서는 대형 언어 모델의 프롬프트 엔지니어링 기술을 12개의 대분류 및 29개의 세분류로 나누어 기술하였다(Sahoo et al., 2024). 그중 대표적으로 활용되는 프롬프트 엔지니어링 기법으로는 퓨샷(Few-shot) 프롬프팅, 생각의 사슬(Chain-of-Thought) 프롬프팅, 검색 증강 생성(Retrieval Augmented Generation) 등이 있다. 세 방법은 질문에 대한 답변을 구하기 이전에, 대형 언어 모델에게 적절한 예시나 사전 정보를 제공하여 더 양질의 정보를 잘 생성하도록 도움을 주는 기법들이다.

퓨샷 프롬프팅은 2020년 처음 제시된 방법이다(Brown et al., 2020). 저자는 지피티3를 활용한 다양한 벤치마크 테스트에서 과제의 예시 질문과 답변을 제공함으로써 성능을 향상할 수 있다고 주장하였다. 이러한 양상은 이후에 출시된 다양한 대형 언어 모델에서도 유사하게 나타났고, 이에 퓨샷 프롬프팅은 최근까지도 활발하게 사용되고 있는 기법이 되었다.

생각의 사슬 프롬프팅은 퓨샷 프롬프팅 방법을 고도화한 방법으로, 대형 언어 모델의 추론 성능을 개선한다(Wei et al., 2022). 기존 퓨샷 프롬프팅은 과제에 대한 질문과 정답만을 제공하여 성능을 향상하려 했다. 반면, 생각의 사슬 프롬프팅은 정답뿐만 아니라 정답을 얻기 위한 추론 과정도 함께 제공한다. 예를 들어, 숫자의 덧셈과 뺄셈을 연속적으로 수행하여 최종 결과를 구하는 과제에서는 최종 정답뿐만 아니라 중간 계산 과정 및 중간 결괏값을 예시로 함께 제공하는 것이다. 이 방식을 통하여 저자는 추론 성능이 중요한 다양한 벤치마크에서 대형 언어 모델의 성능을 개선할 수 있었다.

대형 언어 모델로 과제를 풀 때, 참조할 수 있는 대량의 자료가 있다면 검색 증강 생성 방법을 활용할 수 있다. 검색 증강 생성 방법은 언어 모델에 질문할 때 다양한 문서 자료에서 답변에 활용할 수 있는 자료를 선정하여 프롬프트로 제공하는 방식이다(Lewis et al., 2020). 검색 증강 생성 방법은 단순히 대형 언어 모델의 생성 혹은 추론 성능만을 활용하는 것이 아닌 사실 기반의 자료를 참고할 수 있기 때문에, 단순 생성 방법론에 비해 양질의 결과를 생성하는 것으로 알려져 있다.

상기한 방법 외에도 다양한 방법을 활용하여 대형 언어 모델이 더 정확하고 적절한 답변을 생성하도록 하는 연구들이 활발히 진행되고 있다. 대형 언어 모델을 잘 활용하려면, 자신의 상황에 맞는 적절한 방법을 찾아서 프롬프트를 고도화하는 것이 필요하다.

개발자를 위한 프롬프트 엔지니어링

대형 언어 모델은 다양한 개발자의 업무에 도움을 줄 수 있고, 각각의 업무에서 대형 언어 모델을 잘 사용하기 위한 프롬프트는 제각기 다를 수 있다. 또한, 코드의 보안 문제나 보유한 자료의 질과 양에 따라서 서로 다른 프롬프트 엔지니어링 기법을 활용할 수 있다. 즉, "은(銀)총알은 없다"(Brooks & Kugler, 1987)라는 말처럼, 모든 상황에서 잘 동작하는 완벽한 기법은 없다고 할 수 있다.

다만, 사전의 다양한 연구들에서 활용된 기법과 그 실험 결과들을 바탕으로 자신의 방법에 가장 잘 맞는 기법을 찾아볼 수는 있을 것이다.

예를 들어, 한 연구에서는 코파일럿을 활용하여 코드 생성을 할 때, 프롬프트 엔지니어링의 영향에 대해서 조사하였다(Denny et al., 2023). 프롬프트 개선 없이 문제 정의만 제공했을 때, 코파일럿 서비스는 166건의 문제 중 79건(약 48%)을 해결할 수 있었으며, 프롬프트 엔지니어링을 통해 해결하지 못한 87건 중 53건(약 61%)을 추가로 해결할 수 있었다. 이때 프롬프트에는 알고리즘에 대한 직접적인 힌트 등이 포함되었다. 대형 언어 모델을 이용해 코드를 생성하는 상황이라면, 이러한 연구를 참고하여 프롬프트를 개선함으로써 더 양질의 도움을 받을 수 있을 것이다.

그 외에도, 생성형 인공지능을 활용하는 제품이나 서비스를 개발할 때도 프롬프트 엔지니어링이 중요할 수 있다. 예를 들어, 대형 언어 모델을 활용하여 연구 논문으로부터 데이터를 추출하는 방법론을 연구한 논문에서는 고도의 프롬프트 엔지니어링을 통해 최대 90%의 정밀도와 87.7%의 재현율을 달성했다(Polak & Morgan, 2024). 저자는 정확도를 최적화하기 위해 다양한 시행착오를 거쳐 프롬프트 엔지니어링을 수행했다고 밝혔다. 이처럼 생성형 인공지능을 활용하여 제품 및 서비스를 개발할 때도 프롬프트 엔지니어링을 통해 사용자에게 더 양질의 결과를 제공할 수 있다.

프롬프트 엔지니어링이 대형 언어 모델을 잘 활용하기 위한 효과적인 방법이지만, 동시에 프롬프트 엔지니어링만으로 모든 문제를 해결하기 힘든 것도 사실이다. 대형 언어 모델의 성능이 근본적으로 좋지 못하거나, 대형 언어 모델이 학습한 지식이나 역량이 충분하지 않은 경우에는, 프롬프트를 최적으로 구성하더라도 주어진 과제를 해결하기 어려울 수 있다. 따라서 대형 언어 모델 자체에 대한 개선도 항상 수행되어야 한다. 구체적으로, 더 많은, 더 양질의 데이터를 계속 수집하고, 대형 언어 모델을 꾸준히 학습시켜야 한다. 또한, 타사의 대형 언어 모델을 이용한다면 적극적으로 새로운, 더 나은 모델을 탐색하는 연구 개발이 필요하다.

개발의 다양한 부분에서 대형 언어 모델을 활용한다면, 각각에 맞는 프롬프트 엔지니어링을 통해서 더 좋은 결과를 추구할 수 있다. 하지만, 다시 강조하자면 은총알은 없다. 각자의 상황과 과제에 맞는 적절한 프롬프트를 시행착오로 개발하고 개선해야 한다. 특히 과제에 맞는, 상황에 맞는 프롬프트를 찾기 위해서는 다양한 시행착오를 거쳐야 한다. 프롬프트를 계속해서 변경하고, 다양한 프롬프팅 기법들을 활용하여 최적의 프롬프트를 탐색해야 한다. 이를 통해, 자신에게 가장 적합한 프롬프트를 찾고, 대형 언어 모델을 적극적으로 활용할 수 있기를 바란다.

프롬프트를 통한 협업

프롬프트는 자연어 형태로 구성된다. 이 덕분에 많은 사람들이 쉽게 이해할 수 있으며, 더 나아가 각자의 개선된 버전을 만들어 볼 수도 있다. 프롬프트는 단순히 개발자 혹은 연구자들끼리의 소통 수단이 아닌, 제품 관리자, 비즈니스 담당자, 마케팅 담당자, 디자인 담당자 등 다양한 팀 구성원들과의 소통 수단으로 활용될 수 있다. 이러한 소통을 통해 제품의 형상을 구체화하고 성능을 고도화하는 것을 넘어서, 각자 업무의 효율과 품질을 향상하여 업무 전반에 긍정적인 영향을 미칠 수 있다.

인공지능은 개발자의 다양한 업무를 효과적으로 지원할 수 있다. 코드의 구현, 테스트, 품질 향상, 보안성 강화 등 다양한 측면에서 활용되어 개발자가 효과적이고 효율적으로 업무를 수행할 수 있도록 도와준다. 그런데 인공지능의 활용은 개발에만 한정된 것이 아니다. 반복적이고 소모적인, 다양한 업무에서 인공지능은 활용될 수 있으며, 특히 대형 언어 모델을 활용한 생성형 인공지능은 자연어로 소통할 수 있는 대부분의 업무에 적용할 수 있다. 그러나 모두가 같은 비전과 미션을 가지고, 같은 제품을 개발하려고 하는 상황임에도, 각자가 다른 프롬프트를 통해 대형 언어 모델을 사용한다면, 개인이 인지하지 못한 부분에서 부조화나 결함이 발생할 수 있다. 따라서 대형 언어 모델 활용 시 프롬프트를 통한 적극적인 소통이 필요하다.

효과적인 방식 중 하나는 프롬프트의 템플릿을 공유하는 것이다. 어떤 팀이든 궁극적인 비전과 미션, 만들고자 하는 제품에 대한 설명 등을 포함한 프롬프트를 구성해 두면, 대형 언어 모델을 이용한 업무 전반에 활용할 수 있다. 따라서 이러한 내용을 기술한 템플릿을 공유하여 모두가 같은 기조, 동일한 방향성에서 일관된 흐름으로 작업할 수 있다. 특히 비슷한 업무를 진행하는 경우, 각자의 프롬프팅 기법을 적용한 템플릿을 공유할 수 있다. 개개인이 시행착오를 통해서 특정 업무에서 효과적인 프롬프팅 기법을 찾았다면, 비슷한 업무를 수행하는 다른 사람을 위해서 해당 기법을 적용한 템플릿을 공유하는 것이다. 이를 통해 협업하는 당사자는 쉽고 빠르게 좋은 프롬프트를 얻을 수 있고, 이를 개선하여 더 나은 프롬프트를 빠르게 확장할 수도 있다. 이는 결과적으로 회사의 자산이 되어 많은 직원이 효율적으로 업무를 하는 기반이 될 수 있다.

구체적인 협업을 위한 프롬프팅도 가능하다. 개발자들은 자주 다양한 팀으로부터의 요구사항을 수집하고 이를 해결하는 소프트웨어를 구현하는 업무를 진행한다. 이러한 요구 사항은 내부적으로 활용하는 소프트웨어에 대한 요청일 수도 있고, 제품 자체에 대한 요구 사항일 수도 있다. 요구 사항의 중요성만큼이나 그 구체성도 함께 고려되어야 하는데, 이는 누락되는 경우가 잦다. 즉, 많은 요구 사항이 구체적으로 어떻게 구현되고 실현될 수 있는지가 없거나, 때로는 요구 사항 자체가 모호한 경우도 있다. 이때 대형 언어 모델과 프롬프트를 통해 소통하는 것이 효과적일 수 있다. 예를 들어, 비개발자들은 쉽게 생각하기 힘든 중요 요구 사항–수행 시간, 자원 소모량, 구동 환경, 가동 시간, 사용 패턴 등–을 구체화하는 데 도움이 되는 프롬프트를 사전에 구성하여, 불분명한 요구 사항의 구체화를 대형 언어 모델을 통해 수행하거나, 혹은 다른 부서에서 요청을 생성하기 이전에 미리 구체화하는 데 도움을 줄 수 있다. 이를 통해 요구 사항의 핵심 내용을 강조하고, 추가적인 정보를 제공하며, 구현을 위한 명확한 지침을 도출할 수 있다. 그뿐만 아니라 이러한 프롬프트를 통해 각 팀 구성원이 동일한 이해를 바탕으로 작업을 진행할 수 있게 된다.

결국, 프롬프트를 통한 소통은 팀 내에서뿐만 아니라 팀 간의 협업에서도 강력한 도구로 작용할 수 있다. 프롬프트가 자연어로 구성되고, 대형 언어 모델이 각 팀에게 맞는 일종의 번역을 수행하기 때문에, 소통을 구성하기도 편리하다. 이를 통해 개발자는 물론, 비즈니스와 관련된 모든 이해관계자가 같은 목표를 향해 일관된 방향으로 나아갈 수 있게 되며, 이는 궁극적으로는 더 나은 제품과 서비스로 이어질 것이다.

참고문헌

Brooks, F., & Kugler, H.(1987). No silver bullet. April. pp. 1-14.

Brown, T., et al.(2020). Language models are few-shot learners. *Advances in Neural Information Processing Systems, 33*, pp.1877-1901.

Denny, P., et al.(2023). Conversing with copilot: Exploring prompt engineering for solving cs1 problems using natural language. *In Proceedings of the 54th ACM Technical Symposium on Computer Science Education V. 1.*

pp.1136–1142.
GeeksForGeeks(2023.5.7). What is an AI Prompt?, https://www.geeksforgeeks.org/what-is-an-ai-prompt
Lewis, P., et al.(2020). Retrieval–augmented generation for knowledge–intensive nlp tasks. *Advances in Neural Information Processing Systems, 33,* 9459–9474.
Polak, M. P., & Morgan, D.(2024). Extracting accurate materials data from research papers with conversational language models and prompt engineering. *Nature Communications, 15*(1), 1569.
Sahoo, P., et al.(2024). A systematic survey of prompt engineering in large language models: Techniques and applications. arXiv preprint arXiv:2402.07927.
Wei, J., et al.(2022). Chain–of–thought prompting elicits reasoning in large language models. *Advances in Neural Information Processing Systems, 35,* 24824–24837.

10
AI 시대의 창의력

생성형 인공지능의 발전으로 우리는 더 많은 과제를 더 효율적으로 해결할 수 있게 되었다. 대형 언어 모델을 통해 복잡한 문제를 간편하게 풀어낼 수 있는 시대에, 창의력의 중요성은 더욱 커지고 있다. 인공지능이 제공하는 무한한 가능성 속에서, 창의력은 그 기술을 효과적으로 활용하고 발전시키는 핵심 요소로 자리 잡고 있다. 그러나 인공지능의 사용이 학습 과정에 미칠 수 있는 부정적 영향에도 주의를 기울여야 한다.

종교와 AI?

요구 능력의 변화

시간이 지남에 따라 생성형 인공지능을 활용하여 더 많은 과제를 해결할 수 있게 되었고, 다양한 분야에서 인공지능을 활용한 업무 대체가 이루어지고 있다. 이에 따라서 생성형 인공지능을 잘 활용하는 능력의 중요성이 과제 해결 능력만큼 커지고 있다. 컴퓨터 분야 외에도 의학 및 의료 분야에서 생성형 인공지능을 잘 활용하는 방법의 중요성을 강조하는 논문들(Meskó, 2023; Wang et al., 2023)이나 글쓰기에서 생성형 인공지능의 역할을 논의하는 연구들(Potter & Palmer, 2023; Wasi et al., 2024)이 계속 발표되는 것도 이 때문이다. 사람들은 분야와 업무를 막론하고 인공지능을 잘 활용하는 방안들을 계속 탐구하고 있다.

이에 우리는 인공지능을 잘 활용하는 방법을 꾸준히 고민해 보아야 한다. 최근 한 연구에서 대형 언어 모델을 활용하여 과제를 해결하는 사용자에게 적절한 프롬프트 가이드라인을 제공하였을 때와 그렇지 않았을 때의 문제 해결 능력을 비교하였다(Khurana et al., 2024). 그 결과 프롬프트 가이드라인이 적절히 제공되었을 때, 사용자는 더 정확하게 과제를 수행하였으며 과제 완료 비중이 더 높아졌다. 특히 정확도의 경우 최대 26.9%까지 차

이가 났으며, 과제 완료 비중도 평균적으로 10%가량 높아졌다. 이는 대형 언어 모델을 잘 활용하는 방법을 알면 과제를 훨씬 더 잘 수행할 수 있음을 시사한다.

인공지능을 잘 활용하는 방법만큼이나 중요한 또 한 가지는 인공지능을 어디서 활용할 수 있을지를 잘 찾아내는 능력이다. 자신의 업무 전반을 되돌아보며 어떤 부분이 인공지능을 잘 활용할 수 있을지, 어떤 부분은 사람을 대체하기 어려울지를 잘 판단하여 인공지능의 도움을 받아야 한다. 이를 위해서는 인공지능의 능력과 한계를 명확히 파악하는 것이 중요하다. 예를 들어, 생성형 인공지능을 활용하여 어떤 단위 테스트를 구성해야 할지 추천받고, 더 나아가 단위 테스트 코드의 구현을 요청해 볼 수 있다. 하지만 결국 구현된 단위 테스트가 실제로 프로그램의 기능을 잘 테스트하는지, 빠진 부분이 없을지에 대해서는 사람이 검수해야 한다. 아직은 생성형 인공지능의 환각 문제 혹은 추론 역량의 부족으로 상황에 딱 맞는 완벽한 코드를 얻기는 어렵기 때문이다. 이처럼 어디서, 어떻게 인공지능을 쓸지를 깊게 고민해야 한다.

저자는 이 모든 것이 결국 창의력으로 귀결된다고 말하고 싶다. 인공지능의 사용처와 사용 방법을 고민하고,

잘 사용하기 위한 방법을 탐구하기 위해서 고도의 창의력을 발휘하여 아이디어들을 발굴해야 하기 때문이다. 하지만 창의력이 부족하다고 이를 수행하지 못하는 것은 아니다. 새로운 아이디어를 생각하기 어렵다면 기존의 연구를 조사하여 자신의 방법에 얼마든 적용할 수 있고, 부족한 창의력마저 인공지능을 통해 도움을 받을 수도 있다. 예를 들어, 대형 언어 모델에 아이디어를 요청하고, 상호작용을 통해 개선해 나갈 수 있다. 많은 고민과 시행착오를 겪으면 자신만의 방법을 찾을 수 있을 것이다.

AI 활용의 주의점

생성형 인공지능, 특히 대형 언어 모델을 통해 우리는 소프트웨어 개발의 전 과정에서 다양한 방식으로 도움을 받을 수 있다. 그중 특히 코드를 작성할 때 많은 도움을 받을 수 있다. 하지만 한 가지 주의해야 할 점은, 인공지능의 도움이 개인의 학습에 부정적 영향을 미칠 수도 있다는 점이다.

프로그래밍 관련 정보와 강의 영상을 올리는 것으로 유명한 노마드 코더(Nomad Coders)도 최근 본인의 채널을 통해 코딩 보조 서비스인 코파일럿을 사용하지 않는 이유에 대해서 이야기하였다(Nomad Coders, 2024). 영상의 요지는 인공지능이 생성하는 코드에 대한 깊은 이해 없이 작성된 코드를 수용하는 것으로는 제대로 배울 수 없고, 스스로 그 코드를 찾아 나가는 과정을 통해 실제로 학습할 수 있다는 것이다. 저자도 이 의견에 깊게 동감한다. 생성형 인공지능이 우리의 생산성을 높이고 시간을 절약해 주는 것은 사실이나, 단순히 인공지능을 사용하는 것만으로는 프로그래밍 언어의 문법적 구조나 개별 함수들의 기능, 나아가 알고리즘 전반을 깊게 이해하기는 어렵다. 인공지능이 작성한 코드를 깊게 들여다보고 왜 이런 코드를 작성했을지, 이 코드가 어떻게 동작하는지를 고민하지 않으면 파악하기 어렵기 때문이다.

프로그래밍을 공부하면서 생성형 인공지능을 활용하는 것은 말하자면 답지를 보며 문제지를 푸는 것과 유사하다. 초기에는 코드에 대한 명확한 이해를 위해 깊게 고민할 수 있지만, 언제든 작성된 코드를 쉽게 넘길 수 있는 상황에서는 어느 순간 그저 답지만 베끼게 될 수 있다. 심지어는 대형 언어 모델의 한계로 인해 이 답지가 항상 정답이지도 않다. 잘못된 답을 통해 잘못된 내용을 배운다면 상황은 더 나빠진다. 따라서 저자는 프로그램을 공부하는 입장이라면 생성형 인공지능을 활용한 코드 생성은 잠시 옆으로 치워 두기를 당부하고 싶다. 코드를 쉽게 생성할 수 있는 도구를 옆에 두고 한 줄씩 작성하는 것이 괴롭고 유혹을 떨쳐내기 어려울 수 있지만, 그 과정을 통해 프로그래밍 언어의 구조와 역할, 코드의 논리적 전개 등을 배울 수 있다고 생각한다.

AI와 인간의 협력

인공지능은 지속적으로 발전하고 있다. 많은 연구자의 노력과 더불어, 인공지능의 연산을 지원하는 하드웨어의 발전, 소프트웨어의 고도화, 그리고 이를 바탕으로 한 제품 출시 및 투자 증대 등 다양한 요인이 양적 피드백을 일으켜 인공지능의 발전을 가속한다. 하지만 한편에서는 인공지능의 발전이 만드는 위협에 대한 걱정도 계속되고 있다. 인공지능이 가져오는 윤리 문제, 인간 노동의 대체, 환경 오염 등 다양한 문제들이 우려된다. 인공지능이 꾸준히 발전함에 따라 문제도 계속해서 발생할 것이고, 인공지능을 효과적으로 활용하기 위해서는 문제에 대한 고민도 계속되어야 할 것이다.

개발자들 사이에서는 인공지능의 개발 역량으로 인해 필요성이 없어진 개발자에 대한 걱정이 주요하다. 많은 생성형 인공지능이 훌륭한 개발 역량을 보이고 있음은

물론이고, 그 성장세도 가파르기 때문이다. 하지만 저자는 지금과 현재의 발전만으로는 개발자를 완전히 대체하기 어려울 것으로 생각한다. 개발자의 역량이 단순한 개발에만 있다고 생각하지 않기 때문이기도 하고, 사회가 인공지능을 사람만큼 신뢰하지 않기 때문이기도 하다. 그래도 우리는 불확실한 미래를 대비하기 위해서 인공지능을 더 명확히 이해하고 더 잘 활용할 줄 알아야 한다. 적어도 가까운 미래에는 인공지능을 잘 활용하는 것이 경쟁력으로 작용할 가능성이 크다. 설령 인공지능이 사람을 대체하는 미래가 오더라도, 이를 잘 활용하는 인간의 역할이 필요할 것이며, 우리는 그 역량을 미리 길러야 한다.

개발 분야에서 인공지능은 다양한 방면으로, 또 다양한 방법으로 활용될 수 있고, 이를 알아 두는 것이 중요하다. 코드 구현뿐만 아니라 테스트, 품질 개선, 보안 강화 등 다양한 분야에서 인공지능을 활용할 수 있고, 성능 개선을 위한 적절한 프롬프트를 다룰 줄 안다면, 미래에 경쟁력 있는 개발자가 될 것이다. 그뿐만 아니라 다양한 사전지식을 기반으로 창의력을 발휘하여 혁신적이고 효과적인 인공지능 활용법을 생각해 낼 기반이 될 수 있다.

인공지능의 발전 속도는 예측할 수 없지만, 그에 대한

우리의 대응은 분명하다. 끊임없이 배우고, 창의력을 발휘하며, 인공지능을 도구로 삼아 자신의 능력을 확장하는 것이다. 이 책이 여러분의 여정에 작은 디딤돌이 되기를 바라며, 불확실한 미래 속에서도 미리 대비하고 준비한다면, 더 나은 내일을 마주할 것이라 확신한다.

참고문헌

Nomad Coders(2024.7.14). 내가 더 이상 코파일럿을 쓰지 않는 이유, YouTube, https://www.youtube.com/watch?v=rMg-0sBEloA

Khurana, A., et al.(2024). Why and when llm-based assistants can go wrong: Investigating the effectiveness of prompt-based interactions for software help-seeking. In Proceedings of the 29th International Conference on Intelligent User Interfaces (pp. 288-303).

Meskó, B.(2023). Prompt engineering as an important emerging skill for medical professionals: tutorial. *Journal of medical Internet research, 25*, e50638.

Potter, L. & Palmer, X. L.(2023). Post-LLM Academic Writing Considerations. In Proceedings of the Future Technologies Conference. pp. 154-163. Cham: Springer Nature Switzerland.

Wang, J., et al.(2023). Prompt engineering for healthcare: Methodologies and applications. arXiv preprint arXiv:2304.14670.

Wasi, A. T., et al.(2024). LLMs as Writing Assistants: Exploring

Perspectives on Sense of Ownership and Reasoning. arXiv preprint arXiv:2404.00027.

조정호

주식회사 업스테이지에서 대형 언어 모델 및 다중 모달 대형 언어 모델의 연구 개발을 수행한다. 포스텍에서 IT융합공학 석사 학위를 받았다. 미국 오라클 본사에서 자연어를 통해 상호작용하는 데이터베이스를 연구했다(2019). 넷마블 본사에서 모바일 게임에 탑재되는 인공지능을 연구했다(2018). 대형 언어 모델 최적화 프레임워크 vLLM 프로젝트에서 오픈소스 기여자로 활동하고 있다. "Table Search System: Text-to-SQL system with graphical and interactive user interface"(2021) 등의 논문을 발표했다.